Gustave Planche

Salon de 1857

Critique

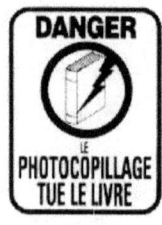
ISBN : 978-1983958557

10 9 8 7 6 5 4 3 2 1

Gustave Planche

Salon de 1857

Critique

Table de Matières

LA PEINTURE

M. Ingres, M. Eugène Delacroix, M. Decamps n'ont rien envoyé au salon de cette année. La renommée très légitime qu'ils ont acquise depuis longtemps est à l'épreuve de la discussion. C'est pourquoi nous devons croire que s'ils ne figurent pas à l'exposition, c'est qu'ils n'ont à nous montrer aucune œuvre nouvelle. L'accueil qu'ils ont reçu du public en 1855 a dû leur prouver que la valeur de leurs travaux est pleinement appréciée. Leur absence ne saurait être imputée à une bouderie. Toutefois je regrette qu'ils ne paraissent pas cette année, car ils représentent d'une manière très nette trois formes diverses de l'invention dans les arts du dessin, et parmi les peintres dont les ouvrages sont aujourd'hui soumis au contrôle de l'opinion, il n'y en pas un qui se recommande par un goût aussi sévère que l'auteur de l'*Apothéose d'Homère*, par une imagination aussi active que l'auteur de l'*Apollon Pythien*, ou qui modèle en pleine lumière, comme l'artiste laborieux à qui nous devons *le Supplice des crochets*. Les hommes de talent ne manquent pas ; nous pouvons même, sans flatter notre pays, dire qu'ils sont nombreux. Ce qui fait défaut, c'est l'originalité. M. Ingres, qui procède de l'école romaine et qui invoque en toute occasion l'autorité de ses aïeux ; M. Delacroix, qui demande conseil tantôt à l'école vénitienne, tantôt à l'école flamande, et qui ne dissimule pas ses prédilections ; M. Decamps, qui nous est revenu d'Italie sans avoir rien changé à sa manière, et qui relève de Rembrandt, quoiqu'il n'essaie jamais de le copier, sont trois natures énergiques, et n'ont jamais abandonné la voie qu'ils avaient choisie. Chose rare en ce temps-ci, ils sont animés d'une conviction sincère, et combattent résolument pour l'honneur de la doctrine qu'ils ont embrassée ; ils n'ont jamais fléchi devant les caprices de la mode, quand autour d'eux tous ou presque tous interrogeaient le goût de la foule avant de mettre la main à l'œuvre. Aussi, lorsqu'ils ont réuni en 1855 les toiles signées de leur nom, personne n'a pu méconnaître l'harmonieuse unité de leurs travaux. Les juges mêmes qui ne partageaient pas leurs prédilections ont été frappés de la fermeté de leur caractère.

M. Ingres veut aujourd'hui ce qu'il voulait dans la seconde année du consulat, quand il obtenait le grand prix de Rome : il s'est affermi par l'étude, par un long séjour en Italie, dans ses premières croyances ; mais quand il achevait en 1827, à l'âge de quarante-sept ans, l'*Apothéose d'Homère*, il n'avait pas changé de route. Nous pouvons parler dans les mêmes termes de M. Eugène Delacroix. Depuis *Dante et Virgile*, exposés en 1822, lorsque l'auteur n'avait que vingt-six ans, jusqu'au salon de la Paix, à l'Hôtel-de-Ville, nous retrouvons toujours et partout la même richesse, la même variété de palette, la même splendeur et la même harmonie. Les reproches qu'on peut adresser à M. Delacroix ne portent pas sur l'unité de sa manière, mais sur la pureté linéaire de ses figures. Ces reproches méritent sans doute d'être pris en considération ; cependant, nous devons le dire, lors même qu'il se trompe, lors même qu'il ne respecte pas la vérité des contours, il ne manque jamais d'intéresser. Il y a chez lui une telle abondance d'invention, un sentiment si pathétique, une telle habileté à saisir et à rendre le caractère des passions, qu'on oublie parfois ses méprises pour s'abandonner à l'émotion poétique. M. Delacroix ne contente pas ceux qui aiment, ceux qui cherchent, comme la beauté suprême, l'harmonie linéaire. Ne lui demandons pas ce qu'il n'a jamais cherché ; ne méconnaissons pas la nature de son talent. Malgré tous ses défauts, il comptera parmi les peintres les plus inventifs de notre temps : il peut se contenter d'un pareil lot. Quant à M. Decamps, que les partisans exclusifs de l'école romaine s'obstinent à regarder comme un peintre de genre, il a prouvé plus d'une fois, en traitant des sujets de l'Ancien et du Nouveau Testament, qu'il pouvait aborder les problèmes les plus difficiles de son art. *Le Christ parmi les docteurs, Samson et Joseph* révèlent chez lui une finesse d'intelligence, une délicatesse de goût et en même temps une énergie de volonté que lui envieraient les plus habiles et les mieux doués. Parler de la dimension de ses œuvres pour les placer au second rang est un entêtement ridicule. La *Vision d'Ezéchiel*, qui se voit au palais Pitti, étonne par la grandeur de la conception, malgré l'exiguïté des figures. Les tableaux de M. Decamps émeuvent plus puissamment que bien des toiles où les personnages sont plus grands que nature. L'absence de ces trois maîtres est donc à regretter.

Cependant il ne faut pas traiter avec dédain les hommes laborieux ou ingénieux dont les œuvres sont exposées cette année. Si nous n'avons pas à signaler de compositions d'un mérite éclatant, d'un caractère inattendu, d'une incontestable nouveauté, nous avons devant nous des œuvres capables de nous intéresser par le maniement du pinceau. Si l'invention n'y joue pas un rôle très important, en revanche nous avons à louer la dextérité des artistes.

Parmi les paysagistes qui n'ont rien envoyé, et dont le talent est depuis longtemps reconnu, nous devons nommer M. Troyon, M. Jules Dupré, M. Paul Huet, Mlle Rosa Bonheur. Je fais des vœux bien sincères pour que M. Troyon ne se laisse pas éblouir par l'éclat et le nombre de ses succès. La popularité de son nom est aujourd'hui si bien établie parmi les amateurs, que ses œuvres, à peine ébauchées, sont déjà disputées. Il est donc à souhaiter qu'il se défie de cet engouement, car s'il possède un talent très réel, il n'a pas encore touché le but, et il compte aujourd'hui parmi ses amis plus de courtisans que de francs parleurs. M. Jules Dupré est engagé dans une voie périlleuse. À force de poursuivre l'imitation, il est arrivé à ne jamais se contenter ; il fait, défait et refait vingt fois ce qu'il a commencé. Les flatteurs ne lui ont pas manqué ; mais il n'a puisé dans les éloges qu'une ambition plus haute et plus fière, et malheureusement ce qu'il cherche n'est pas du domaine de la peinture. Pour M. Troyon, qui n'est pas assez sévère pour lui-même, comme pour M. Dupré, qui n'a pas assez d'indulgence pour ses œuvres, le contrôle de la foule serait un contrôle salutaire. M. Paul Huet, par son *Inondation de Saint-Cloud*, s'est affermi dans la place qu'il avait conquise. Il possède le sentiment poétique, chose rare parmi les paysagistes, et s'il néglige trop souvent d'écrire sa pensée dans une langue précise ; il n'est jamais vulgaire. Quant à Mlle Rosa Bonheur, tout en faisant la part de l'exagération dans les louanges qui lui ont été prodiguées, j'aime à reconnaître qu'elle apporte dans l'imitation de la nature une grande naïveté. Je ne l'admire pas comme l'admirent ses panégyristes, mais son talent m'étonne par sa virilité, et ses œuvres sont toujours intéressantes, parce qu'elles sont toujours simplement conçues et menées à fin sans défaillance.

J'ai nommé bien des absents, et pourtant l'exposition ne manque pas d'attrait. Je ne parle pas du nombre des ouvrages envoyés : la peinture seule dépasse deux mille sept cents. Il est évident que les artistes se méprennent ou feignent de se méprendre sur le but des expositions. Ils se préoccupent du côté commercial de leur profession presque autant que de l'agrandissement de leur renommée. Ils envoient tout ce qu'ils ont dans leur atelier au lieu de faire un choix. Or, si nous tentions d'estimer le mérite de toutes les œuvres qui sont exposées dans le Palais de l'Industrie, nous aurions devant nous une tâche décourageante, et si nous arrivions à réaliser notre dessein, nous serions obligé de répéter vingt fois la même pensée, car si les œuvres sont nombreuses, les talents originaux ne se comptent pas par centaines. C'est pourquoi, docile aux conseils du bon sens, nous ferons un choix. Nous croyons très inutile de passer en revue tout ce qui est offert aux regards de la foule. La discussion, pour intéresser, doit être circonscrite dans des limites étroites. Si elle veut embrasser un grand nombre de points, elle fatigue sans instruire. Parler de tous les tableaux envoyés au salon de 1857 serait d'ailleurs nous associer à la pensée que nous blâmions tout à l'heure, pensée purement mercantile. Le salon n'est pas institué pour le placement, c'est-à-dire pour la vente des produits d'une industrie qui s'appellerait peinture, mais pour montrer où en sont les arts du dessin. L'envisager autrement, c'est ne pas comprendre ce qu'il signifie. Que les peintres vendent à des conditions avantageuses le fruit de leurs travaux, rien de mieux ; qu'ils s'enrichissent par l'exercice de leur talent, c'est une chose que nous devons souhaiter. Cependant le salon n'est pas une exhibition commerciale, et nous verrions sans regret diminuer le nombre des ouvrages exposés. L'important n'est pas de montrer quelques milliers de tableaux, mais de nous présenter des compositions qui se recommandent tout à la fois par la nouveauté de la pensée, par la pureté de la forme. Ce que je dis aujourd'hui, d'autres l'ont déjà dit avant moi. Si je le répète, c'est que je vois la sympathie publique pour les arts du dessin s'attiédir à mesure que les expositions deviennent plus fréquentes. Les œuvres conçues à loisir, capables d'agir sur le goût public, sont d'autant plus rares, que le salon, dans la pensée des peintres, n'est pas une occasion d'agrandir ou de fonder sa renommée, mais une occasion d'entamer ou d'achever une bonne affaire. Il y a malheureusement une classe de spectateurs qui prend la curiosité pour un signe d'intelligence, et qui veut tout voir pour prouver qu'elle aime la peinture. La critique a souvent témoigné trop de complaisance pour ces curieux acharnés : elle s'occupe de compositions sans valeur, sans portée, pour satisfaire l'avidité des lecteurs qui tiennent à tout connaître, sinon directement, au moins par ouï-dire. Or, à notre avis, parler de tout équivaut à ne parler de rien. La discussion, en s'éparpillant, finit par s'amoindrir au point de ressembler à une nomenclature.

Je crois expédient de suivre une autre méthode. L'école française est aujourd'hui livrée à l'anarchie. Chacun travaille à sa guise ; il n'y a pas de chef reconnu. J'entends dire que c'est un bien, qu'il n'y a pas de vrai génie sans indépendance. Qu'on me permette de présenter deux objections qui ne me paraissent pas dépourvues d'opportunité. N'est-il pas téméraire de supposer que tous les peintres sont des hommes de génie ? Et lors même qu'ils posséderaient tous des facultés d'un ordre supérieur, n'y aurait-il pas profit pour eux à ne pas débuter par l'indépendance ? Dans la pratique de l'art, comme dans bien d'autres professions, obéir mène à commander. Ceux qui prétendent ne relever de personne relèvent trop souvent d'un maître qu'ils n'osent nommer, et qui s'appelle l'orgueil. Ils ne veulent écouter qu'eux-mêmes, et leur prétention est de tout deviner. Fussent-ils doués des instincts les plus merveilleux, ils agiraient encore imprudemment en refusant de consulter ceux qui les ont devancés dans la carrière. Et comme le plus grand nombre ne possède que des facultés moyennes, les trois quarts au moins de ceux qui prennent l'amour de l'indépendance pour un signe de génie se condamnent à la médiocrité par leur entêtement. Dès qu'ils connaissent à peu près le maniement du pinceau, ils quittent l'atelier du maître qui vient de leur enseigner les premiers éléments. Ils s'isolent pour ne pas compromettre l'originalité de leur pensée : généreuse ambition qui mériterait une splendide récompense. Ils s'interrogent, ils répudient toute tradition comme un signe de servitude, ils fouillent dans leur mémoire, ils promènent leurs regards autour d'eux, et quand vient l'heure de se mettre à l'œuvre, ils s'étonnent de trouver dans leur pinceau un interprète indocile, car c'est leur pinceau qu'ils accusent, quand ils devraient s'en prendre à leur pensée. Ils ont dédaigné les guides qui s'offraient à eux, ils ont voulu se frayer une route nouvelle, et marchent à l'aventure. Ils reconnaissent trop tard les dangers de leur présomption. Ils n'osent plus retourner en arrière, et se consolent en se donnant pour des génies méconnus. Si l'école française avait un chef avoué de tous, dont l'autorité fût à l'abri de toute contestation, dont les conseils fussent écoutés avec déférence, les peintres doués de facultés moyennes arriveraient à produire des œuvres, sinon grandes, au moins satisfaisantes, tandis qu'en s'isolant, en voulant se frayer une route nouvelle, ils ne conçoivent le plus souvent que des œuvres obscures ou insignifiantes. C'était bien la peine de vanter l'indépendance. Si la discipline remplaçait l'anarchie, le salon n'offrirait pas aux regards de la foule quelques milliers de tableaux. L'émulation imposerait silence à l'amour du gain. On ne combattrait pas pour la richesse, mais pour la renommée. Que nous sommes loin de compte ! Parmi les peintres qui possèdent un talent réel, une imagination active, j'en pourrais citer plus d'un qui ne sait pas garder chez lui les ébauches qui plaisent à ses amis, et qui, dans l'espérance d'amorcer les amateurs, les envoie au salon. Quand on les blâme, quand on leur conseille de témoigner au public plus de respect, de ménager leur nom, ils prennent pour un signe de malveillance les paroles dictées par une sympathie sincère. Ils ignorent que la renommée, si difficile à conquérir, n'est pas moins difficile à défendre. Les plus habiles, les plus puissants, ont leurs jours de défaillance. S'ils veulent garder leur rang, ils doivent renoncer à montrer tout ce qui sort de leurs mains. Qu'ils s'entourent d'amis sévères au lieu de s'entourer de courtisans : leur nom, prononcé moins souvent, sera plus respecté.

Dans l'état présent des choses, notre devoir est de négliger, de traiter comme non avenues toutes les œuvres qui ne révèlent pas un effort sérieux. Il se trouvera, pour faire le recensement auquel nous renonçons, des hommes de bonne volonté. L'attente des peintres qui confondent l'art avec le métier ne sera pas trompée. Qu'ils ne se plaignent pas de notre silence ! Le public saura bien, sans que nous parlions, le nombre et le nom de toutes leurs œuvres. Nous accueillerons toujours avec empressement les talents nouveaux : c'est un plaisir pour nous de louer un mérite ignoré ; mais pour que les paroles se pressent sur nos lèvres, il faut que nous apercevions quelque chose de plus que l'habileté matérielle. Or c'est malheureusement ce genre d'habileté qui recommande la plupart des ouvrages devant lesquels s'arrêtent les spectateurs. Ils admirent de bonne foi ce que j'essaierais en vain d'admirer. Pour qu'un tableau m'intéresse, il faut que les personnages expriment un sentiment, une pensée. Une cuirasse qui reluit, un pourpoint aux couleurs éclatantes, ne suffisent pas pour enchaîner mon attention. C'est peut-être un défaut chez moi ; mais je suis habitué depuis si longtemps à chercher dans la peinture le sentiment et la pensée, que je désespère de changer. Ceux qui aiment les étoffes bien faites, les bahuts bien enfumés, diront que je suis vraiment à plaindre, que mon dédain pour ce genre de mérite me condamne à ne goûter que des œuvres bien peu nombreuses. Je n'oserais dire qu'ils se trompent. Cependant les compensations ne manquent pas. Ils sont contents plus souvent que moi ; mais, quand il m'arrive d'admirer, je suis dédommagé.

Je crains d'avoir fait un aveu imprudent. Je viens de confesser que l'admiration n'est pas chez moi une habitude. N'est-ce pas un motif suffisant pour qu'on me récuse ? Je ne veux pas me laisser condamner sans me défendre. L'admiration est une de mes plus grandes joies ; mais il ne dépend pas de moi d'admirer en toute occasion. Je ne peux pas imposer silence à mes souvenirs. Quand on a employé vingt ans de sa vie à comparer les œuvres du présent aux œuvres du passé, quand on a suivi d'un œil attentif le développement des arts du dessin aux époques les plus glorieuses, les plus fécondes, on doit se résigner à compter parmi ceux qui ont le goût difficile. Le plaisir des yeux ne me suffit pas, et le plus grand nombre des spectateurs ne souhaite pas d'autre plaisir. Pourvu qu'ils aient devant eux des couleurs éclatantes, des figures ou même des portions de figures rendues avec adresse, la louange ne leur coûte rien. Ceux qui ont dépensé leur jeunesse dans l'étude des grands modèles auraient beau s'évertuer, ils n'arriveront jamais à se montrer assez complaisants. La franchise est pour eux une nécessité. Les artistes s'en plaignent, et cependant ils en profitent. La discussion ne leur plaît pas, et pourtant, s'ils parvenaient à réaliser leur vœu secret, à supprimer la discussion, ils ne tarderaient pas à la regretter. S'ils n'avaient aujourd'hui devant eux que des spectateurs émerveillés, dans un an, dans six mois peut-être, ils n'auraient plus que des spectateurs indifférents. Ce que je dis n'est pas un paradoxe, et ce qui le prouve surabondamment, c'est que les artistes les plus mécontents ne sont pas ceux que la discussion a blessés. Le silence leur est plus douloureux que le blâme. Ce qu'ils redoutent le plus, c'est qu'on ne parle pas de leurs ouvrages. Eh bien !

puisqu'ils craignent qu'on se taise, qu'ils se résignent à toutes les chances de leur condition. Ils ne veulent pas du silence ; espèrent-ils que tout le monde sera du même avis ? S'ils conçoivent une telle espérance, leur désappointement ne pourrait nous affliger, car ils s'attribueraient un privilège qui n'appartient pas même au génie. Qui donc parmi les plus grands, dans le domaine de l'art, a jamais réuni l'unanimité des suffrages ? Qu'ils interrogent le passé, ils sauront à quoi s'en tenir. Ils disent étourdiment que la discussion les décourage, et ils oublient que l'indifférence serait pour eux pire cent fois que le blâme le plus sévère. Ils parlent à leur insu contre leurs vrais intérêts.

Je veux bien admettre que le goût de la peinture se propage de jour en jour, et pourtant les paroles que je recueille autoriseraient une autre croyance. Quand on prête l'oreille aux propos qui se tiennent devant les tableaux anciens ou nouveaux, on entend des choses singulières. Le public n'est pas encore passionné pour la peinture, il ne lui accorderait pas une attention très vive, si des opinions contradictoires, exprimées dans une langue tantôt ingénieuse, tantôt grave, ne venaient éveiller sa sympathie et provoquer l'activité de son intelligence. Le jour où personne ne parlerait au public des arts du dessin, je crois que le public ne s'en occuperait guère. Or, la discussion une fois admise comme une nécessité, ne vaut-il pas mieux qu'elle invoque les grands modèles comme des arguments ? Je sais l'accusation qu'on jette à la face des écrivains assez imprudents pour parler du passé. On dit qu'ils ne comprennent rien au progrès. Leur siècle marche, et ils demeurent immobiles. C'est un reproche terrible, dont je ne suis pas épouvanté. Malgré mon admiration pour les grands modèles de l'antiquité, de la renaissance, je ne fais pas fi de mon temps, et le progrès n'est pas pour moi un mot vide de sens ; mais je crois donner aux peintres, aux sculpteurs de nos jours un témoignage éclatant d'estime et de sympathie en comparant ce qu'ils font aux œuvres de leurs devanciers. S'ils désirent vraiment conquérir une solide renommée, ils ne doivent ni s'étonner, ni s'affliger de mes habitudes. Les arguments que j'invoque leur sont familiers. Le passé, que j'appelle en témoignage, n'est pas un danger, mais un honneur. Cette pensée, qui semble n'avoir pas besoin d'être justifiée par la démonstration, rencontre bien des contradicteurs.

Admirer les œuvres de la Grèce, de l'Italie, ou dénigrer les œuvres de la France moderne est une seule et même chose. À peine est-il permis de citer les noms de Jean Goujon et de Pierre Puget. Pour contenter les peintres et les sculpteurs de nos jours, il faudrait nous en tenir à ce qu'ils font et ne pas regarder en arrière. C'est, à mon avis, une étrange manière de comprendre la dignité de leur travail. S'ils n'ont rien négligé pour l'accomplissement de leur dessein, s'ils ont fait appel à toutes leurs facultés, ils ne doivent reculer devant aucune comparaison. Dans le domaine de l'art comme ailleurs, on peut occuper le second rang sans se trouver humilié, et pour obtenir l'admiration, il faut toujours avoir devant les yeux les œuvres admirées par une longue suite de générations. Je me défie de ceux qui médisent de leurs devanciers, ou qui feignent de les redouter comme terme de comparaison. Quand on a l'ambition de surpasser ses devanciers, on doit commencer par leur rendre justice.

Ce qui rend la discussion difficile, c'est que les œuvres importantes font défaut. On rencontre sans peine des tableaux où se révèle une grande dextérité dans le maniement du pinceau, qu'on regarde avec plaisir ; mais ces tableaux, que parfois on aimerait à posséder, ne signalent aucune tentative nouvelle. On y trouve une nature de talent qui ne peut exciter ni joie ni colère, à quelque doctrine que l'on appartienne. Or pourquoi les ouvrages importants font-ils défaut ? est-ce que l'imagination n'est plus aujourd'hui dans notre pays aussi active, aussi féconde que dans l'intervalle compris entre 1830 et 1848 ? Je ne crois pas que l'esprit français ait perdu, comme on le dit, une partie de sa vigueur ; mais la spéculation envahit la peinture comme les autres professions. On commence à traiter la renommée comme une chimère, comme un enfantillage. Si le mal que je signale n'a pas encore atteint toutes les intelligences, il se propage de jour en jour, et quand on dit aux habiles : « Croyez-moi, dans votre intérêt produisez moins, produisez plus lentement, vous durerez plus longtemps, » ils accueillent par un sourire ce charitable avertissement. Ils ne tiennent guère à laisser un long souvenir, ils tiennent à voir les acheteurs se presser dans leur atelier, avant même que leur pensée ait revêtu une forme précise. Au milieu de telles préoccupations, comment les œuvres importantes pourraient-elles se multiplier ? Faire vite est mis au-dessus de bien faire, et pour résister à l'entraînement, il faut posséder un caractère solidement trempé. Cependant depuis quelques années l'administration municipale a pris le sage parti d'encourager la peinture murale. Cette résolution n'a pas encore porté tous les fruits qu'on attendait : les compositions exécutées sur place demeurent souvent aussi insignifiantes que les tableaux destinés aux galeries ; cependant il y a des exceptions que je n'ai pas besoin de rappeler, et qui sont présentes à toutes les mémoires. M. Hippolyte Flandrin doit à la peinture murale la meilleure partie de sa renommée. M. Sébastien Cornu, dans la décoration d'une chapelle à Saint-Séverin, a prouvé qu'il avait dignement profité des leçons de son illustre maître, et chacun sait aujourd'hui qu'il faut le compter parmi les meilleurs élèves de M. Ingres. Il est permis d'espérer que la peinture murale exercera sur l'école française une action salutaire ; mais pour réformer le goût, il conviendrait d'apporter un peu plus de discernement dans le choix des sujets. Il y a telle donnée dont le pinceau le plus habile ne pourra jamais tirer parti. Quand l'épisode proposé à la peinture est ignoré du plus grand nombre des spectateurs, l'artiste qui doit le traiter ne se met pas à l'œuvre avec ardeur. À mesure qu'il avance dans sa besogne, il sent qu'il ne lui est pas donné de réveiller des souvenirs absents. Il a beau chercher à rendre claire l'action qu'il a entrepris d'exprimer, tous ses efforts viennent échouer contre l'obscurité des personnages. Si d'ailleurs la peinture murale n'a pas encore rendu les services qu'elle est appelée à rendre, c'est qu'elle n'est pas rétribuée comme elle devrait l'être. Quelques artistes privilégiés reçoivent un magnifique salaire ; le plus grand nombre trouve à peine dans le travail d'une année l'équivalent de deux ou trois portraits. Aujourd'hui, pour décorer une chapelle, à moins de porter un nom retentissant, il faut faire preuve d'abnégation et se contenter d'une récompense plus que modeste. L'administration municipale, qui a bien fait de recourir à la peinture murale pour l'embellissement de nos églises, ferait mieux encore en sacrifiant la quantité à la qualité. Elle paraît attacher trop d'importance à couvrir de couleur la nef et les bas-côtés. Souvent même elle ne prend pas la peine de savoir si le sujet qu'elle propose, je devrais dire qu'elle impose, convient à l'emplacement choisi. Je pourrais citer plus d'un peintre condamné à distribuer une demi-douzaine de figures sur un pan de muraille à peine assez large pour porter un personnage.

Je ne m'étonne donc pas que les œuvres importantes manquent au salon de cette année. Trop de causes se réunissent pour que l'invention ne languisse pas dans les arts du dessin. Personne aujourd'hui ne croit avoir le temps d'attendre. Ceux qui possèdent la célébrité jouissent paisiblement du fruit de leurs travaux ; ceux qui ont rêvé un nom éclatant renoncent sans regret à leur ambition, et n'ont d'autre souci que le succès industriel. Les hommes assez courageux pour dépenser une année de leur vie dans l'achèvement d'une œuvre unique sont cités comme des caractères bizarres, et même parfois comme des esprits dont la santé n'est pas bien assurée. L'avenir, c'est demain. La gloire est un mot qui n'a plus cours. Que signifie la postérité ? À quoi bon se tourmenter pour assurer la durée de son nom ? Recruter parmi ses amis des langues bien affilées, attirer dans son atelier de nombreux chalands, n'est-ce pas là le parti le plus sage ? Cette opinion est si bien accréditée, qu'il faut en tenir compte lorsqu'on entreprend d'estimer les ouvrages envoyés au salon de cette année. Les artistes qui visent au succès et ne songent pas à la renommée ne peuvent être jugés comme les rêveurs d'autrefois, qui voulaient une gloire laborieusement conquise.

La peinture militaire, comme on devait s'y attendre, tient une place considérable au salon de 1857. Nous avons dans la première salle trois épisodes de l'expédition de Crimée : la *Bataille de l'Alma*, la *Bataille de la Tchernaïa* et le *Débarquement des troupes* : La *Bataille de l'Alma* ne comptera certainement pas parmi les meilleurs ouvrages de M. Horace Vernet. On ne peut nier qu'il n'y ait dans ce tableau des morceaux bien faits, ou du moins adroitement faits, des cavaliers solidement campés sur leur monture ; mais il manque à cette œuvre quelque chose dont on ne parle plus guère, qui pourtant n'est pas sans importance, et s'appelle composition. Le regard ne sait où s'arrêter, car toutes les figures du premier plan offrent à peu près le même intérêt, et l'on peut affirmer sans raillerie que le tableau est encore à faire. Nous aurions mauvaise grâce à dire que nous sommes désappointé : les défauts que nous signalons dans la *Bataille de l'Alma* n'ont pour nous rien d'inattendu. La *Prise de la Smala*, le *Siège de Rome* ne valent pas mieux que l'œuvre nouvelle, et sont conçus dans le même système. M. Vernet paraît croire et croit sans doute que la peinture militaire doit traduire fidèlement le rapport envoyé au ministre de la guerre par le général en chef. Or, s'il est très utile de connaître la relation officielle d'une bataille quand il s'agit de représenter cette bataille sur la toile, ce document, si précis qu'il soit, ne dispense pas le peintre d'intervenir par la pensée, par la volonté, dans la disposition des personnages. Il est bon de connaître le numéro des régiments qui ont donné, de savoir leur uniforme dans ses moindres détails ; mais quand on a réuni tous ces renseignements, le tableau n'est pas fait, et j'ajouterai même qu'on n'en possède pas encore les éléments. M. Vernet procède comme s'il tenait avant tout à contenter les officiers d'état-major. En un mot, il prend l'exactitude littérale pour le but suprême de la peinture militaire. J'ignore si les hommes du métier qui ont pris part à la bataille de l'Alma sont satisfaits de son tableau. Ce que je puis affirmer, c'est que le public le regarde avec une profonde indifférence, et je ne donne pas tort au public. M. Vernet fait si peu de frais pour nous intéresser, ménage son imagination avec tant d'avarice, avec tant de lésinerie, qu'il ne doit pas se plaindre de l'accueil fait à son œuvre : il récolte ce qu'il a semé. Si je relève sa méprise, ce n'est pas assurément dans l'espérance de le détromper. Il entend dire par trop de voix complaisantes qu'il est notre premier, notre seul peintre de batailles. Comment et pourquoi refuserait-il de le croire ? Il pourrait discuter avec un capitaine d'habillement le nombre des boutons qui appartiennent à chaque uniforme, ce qui est un mérite précieux quand on veut transcrire sur la toile la relation officielle d'une action militaire. Ce mérite ne suffit pourtant pas pour faire de M. Vernet un grand peintre de batailles. Ses croquis ingénieux de la restauration ont obtenu un succès très légitime. Étourdi par les applaudissements, il a pensé qu'il en savait assez pour tenter les plus hardies aventures. Le public lui a dit sur tous les tons : « Ne forcez pas votre talent, ne vous lancez pas dans les grandes compositions, qui ne sont pas votre fait ; » M. Vernet n'a voulu rien entendre. Il avait depuis longtemps passé l'âge où l'on étudie, et se fourvoyait avec un courage digne d'un meilleur sort. La *Bataille de l'Alma*, traitée par le public plus sévèrement que la *Prise de la Smala*, ne révèle cependant aucun affaiblissement dans le talent de l'auteur. Chevaux et cavaliers sont rendus avec adresse ; mais le public se lasse de voir toujours la même chose, et c'est là le secret de son indifférence.

Le *Débarquement des Troupes en Crimée* est, à mon avis, très supérieur à la Bataille de l'Aima. Si je m'en tenais à cette comparaison, M. Pils pourrait se plaindre à bon droit ; ce serait en effet un éloge assez mince, puisque l'œuvre de M. Vernet est complètement dépourvue de vie. Il y a dans le *Débarquement des troupes* un mouvement, une vérité, qui font de ce tableau un ouvrage très digne d'attention. Je dis très digne d'attention, et si j'allais plus loin, je dépasserais les limites de ma pensée, car M. Pils, qui a étudié avec soin toutes les parties de son sujet, qui n'a rien négligé pour rendre ce qu'il avait conçu, ne possède pas ce qui charme les yeux. Les couleurs qu'il choisit ne sont jamais étonnées de se trouver ensemble, mais leur réunion n'a rien d'attrayant. Je serais donc mal venu à prononcer le mot d'admiration en parlant du tableau de M. Pils. Les pensionnaires de Rome ne nous ont pas habitués à des œuvres d'un caractère aussi animé, et jusqu'à présent l'auteur, lauréat de notre école, n'avait rien produit qui permît d'espérer une composition pareille. Les figures sont dessinées de façon à contenter ceux qui connaissent la forme réelle. Quant au choix des tons, il laisse à désirer. L'uniforme, il est vrai, n'offre pas au pinceau des ressources très variées ; mais on pardonnerait volontiers quelques tricheries, si l'auteur parvenait à séduire le regard en altérant quelques parties de l'uniforme pour lui donner plus d'ampleur, et ce parti une fois adopté, la lumière distribuée sur des étoffes moins raides charmerait le spectateur. Je me plais à penser que M. Pils, plus hardi, plus sûr de lui-même, ne reculera pas devant l'interprétation de ses modèles, si l'occasion lui est offerte de traiter un autre sujet militaire. La comparaison de son tableau avec celui de M. Vernet n'est pas indifférente, car elle prouve que l'habileté matérielle n'est pas la partie la plus importante de la peinture. Il est hors de doute que l'auteur de la *Bataille de l'Alma*, malgré son âge avancé, possède encore aujourd'hui une dextérité singulière. On peut dire, sans le flatter, qu'il fait tout ce qu'il veut. Son malheur est de vouloir bien rarement quelque chose d'élevé. S'il était capable d'inventer, il compterait certainement parmi les peintres éminents de notre école. Comme il a presque toujours mis l'œil et la main au-dessus de la pensée, l'opinion, équitable en cette occasion, le range parmi les praticiens. M. Pils ne possède pas l'adresse de M. Vernet, et sans doute ne la possédera jamais ; mais il attribue à l'invention l'importance qui lui appartient, et quoique sa main ne soit pas toujours docile, il a su faire du *Débarquement des troupes en Crimée* un tableau animé. Il est dans le bon chemin ; s'il continue de marcher vers le même but, c'est-à-dire s'il comprend de plus en plus la nécessité de ne pas s'en tenir à ce qu'il voit et d'ajouter la pensée au témoignage des yeux, il prendra certainement dans notre école un rang très honorable. Pour ma part, je suis heureux d'avoir à louer l'œuvre d'un pensionnaire de Rome, l'occasion se présente si rarement ! Les études, les compositions qui nous viennent chaque année de la villa Médicis offrent si peu de variété, si peu de nouveauté, qu'on les dirait faites depuis longtemps et par le même élève. M. Pils a pris à cœur de prouver qu'il est de son temps, et qu'il sait représenter les choses d'hier. J'ai plaisir à louer ce qu'il vient de faire ; cependant je ne compte pas sur la peinture militaire pour l'agrandissement du style. Si l'on veut agrandir le style de notre école, il faudra bon gré mal gré revenir aux sujets qui commandent la peinture du nu. Une charge de cavalerie ne vaudra jamais pour le pinceau le torse d'un anachorète ou d'un gladiateur. La peinture militaire, émouvante par les souvenirs qu'elle réveille, n'est qu'un genre secondaire. Il serait sage de ne pas lui prodiguer les encouragements.

La *Bataille de la Tchenaïa*, de M. Charpentier, intéresserait plus vivement, si l'auteur n'eût répandu sur toute sa composition un ton gris que j'ai peine à m'expliquer. Je veux bien que la fumée de la poudre cache au spectateur une partie de l'action ; mais, quel que soit le nombre des bouches à feu qui parlent, il n'est pas nécessaire de donner aux figures la couleur de la cendre. Ce défaut est d'autant plus regrettable, que le tableau est bien conçu. C'est une bataille où l'on se bat, et plus d'une fois la peinture militaire nous a offert des luttes pacifiques, où le sang était ménagé avec une rare prudence. M. Charpentier a tenu à prouver qu'il comprend les conditions du genre : la preuve est faite, et nous savons désormais que l'auteur n'est dépourvu ni d'énergie ni d'imagination. Si l'occasion ne lui est pas donnée de voir de ses yeux une action militaire, qu'il interroge les hommes de guerre, et qu'il apprenne de leur bouche ce qui se voit, ce qui ne se voit pas sur le champ de bataille, et qu'avec le secours de leurs conseils, il compose un tableau d'un aspect plus varié. L'œuvre qu'il nous donne cette année est peut-être conforme à la réalité en ce qui touche la distribution des masses : je ne suis pas en mesure de décider cette question ; mais ce mérite, fût-il avéré, ne suffirait pas. La *Bataille de la Tchernaïa* n'a pas pour seuls juges les hommes qui ont pris part à l'action. Il faut donc tenir compte de l'opinion des spectateurs étrangers au métier des armes. Or je crains que M. Charpentier n'ait pas attribué assez d'importance à la partie poétique de sa tâche. Sa composition n'a rien de vulgaire ; il possède des facultés assez élevées pour émouvoir ceux qui ne peuvent contrôler la représentation d'une bataille par leurs souvenirs personnels : il est donc en mesure de produire une œuvre plus animée et surtout plus variée que l'œuvre dont nous parlons.

M. Yvon, qui avait déjà tenté la peinture militaire et traité un épisode de l'histoire nationale de Russie, a montré dans la *Prise de Malakof* plus de bon vouloir que d'habileté. Il a le goût des grandes choses, mais les grandes choses ne lui vont pas. Il prend trop facilement la confusion pour le mouvement. Ce défaut était déjà sensible dans le tableau emprunté à l'histoire de Russie. Dans la *Prise de Malakof*, il se révèle encore plus clairement. Cependant, quand je dis que M. Yvon a montré plus de bon vouloir que d'habileté, je ne veux pas donner à entendre que son talent est âmes yeux sans valeur. Je me rappelle avec plaisir les dessins signés de son nom qui représentaient des souvenirs de voyage. Il y avait dans ces études un accent de vérité qui frappait tous les spectateurs attentifs. Le tort de M. Yvon, je le crains du moins, est d'entreprendre une tâche au-dessus de ses forces. Quand il a voulu aborder les figures de haut style, il n'a réussi qu'à imiter assez malheureusement les sculptures de Michel-Ange placées dans la chapelle des Médicis. Aujourd'hui, dans la peinture militaire, il ne se trouve pas moins dépaysé. Il y a dans sa composition plusieurs morceaux adroitement faits ; mais l'ensemble manque de clarté, et c'est là pour tout le monde un grave défaut. Qu'on écrive sa pensée avec la plume ou avec le pinceau, il ne faut rien négliger pour se faire comprendre. Quelques bons morceaux ne suffisent pas pour former une bonne œuvre. M. Yvon se croit appelé à traiter les sujets épiques : je pense qu'il se trompe, tout en désirant me tromper, car les études dont je parlais tout à l'heure offraient un intérêt que je n'ai pas oublié. J'aurais souhaité que l'auteur comprît la mesure et la portée de son talent. Les louanges l'auront égaré comme tant d'autres. Il avait reproduit avec bonheur ce qu'il venait de voir : au lieu d'ordonner ses souvenirs et de composer des scènes familières avec les personnages qu'il connaissait, qu'il savait par cœur, il a voulu aborder les grandes entreprises. Le succès n'a pas répondu à ses espérances. Cependant il n'abandonne pas la voie où il est entré. Il s'attache à la peinture militaire comme s'il possédait des facultés spéciales, une aptitude déterminée pour les sujets de cette nature. Le parti le plus sage serait pour lui de revenir à son point de départ. S'il continue à disposer de grandes masses pour représenter des actions de l'ordre épique, je crains fort qu'il ne compromette la place honorable qu'il s'est acquise. Pour concevoir de grandes machines, il faut une puissance d'imagination que M. Yvon ne paraît pas posséder. En pareille occasion, l'adresse ne suffit pas. La conception ne relève pas de la connaissance des procédés techniques. Si l'on n'a pas en soi cette faculté mystérieuse qui invente sans qu'on puisse savoir comment, on n'arrive jamais à satisfaire les esprits élevés, à émouvoir la foule : ce don précieux me semble refusé à M. Yvon. Je souhaite que ses œuvres prochaines démentent mes paroles d'une manière éclatante.

M. Robert-Fleury est un homme d'un talent très fin, qui a fait ses preuves depuis longtemps. L'estime dont il jouit n'a pas attiédi son ardeur pour le travail. Il nous donne cette année un *Charles-Quint à Saint-Just*, dont le sujet est emprunté au livre de M. Mignet. Tous les personnages de cette composition sont bien conçus et d'un style élevé. Cependant cet ouvrage, qui se recommande par des mérites évidents, n'obtient pas le succès que l'auteur devait espérer. À quoi faut-il attribuer, je ne dis pas cet échec, mais ce mécompte ? Les figures sont dessinées avec élégance, la pantomime est vraie, les physionomies expressives. Il semble que les spectateurs devraient se déclarer satisfaits, et cependant ils témoignent peu d'empressement pour l'œuvre de M. Robert-Fleury. Si l'on prend la peine d'étudier avec attention les diverses parties dont se compose ce tableau, le mécompte de l'auteur s'explique facilement. D'abord il a souvent traité des sujets d'un intérêt plus vif, et puis il y a dans cette toile une part trop large faite aux accessoires. Il est utile sans doute d'indiquer la mesure de la salle où sont placés les personnages, mais il ne faut pas écrire avec tant de soin tous les détails de l'ameublement, car ces détails ne manquent jamais de distraire l'attention, et l'importance des personnages se trouve amoindrie. Avec moins de travail, M. Robert-Fleury aurait certainement réuni un plus grand nombre de suffrages. S'il eût consenti à éteindre les détails de l'ameublement, à diminuer l'espace, les physionomies auraient attiré toute l'attention, et personne ne fût demeuré indifférent au mérite du tableau. Tel qu'il est, malgré l'élégance du dessin, malgré la finesse de l'expression, il ne produit pas l'effet qu'il devrait produire. Ce n'est pas la première fois que l'auteur cède à la tentation d'écrire les détails, ce n'est pas la première fois qu'il éprouve un mécompte. Je n'ose espérer qu'il se rende aux objections que je lui soumets : c'est chez lui une habitude prise depuis longtemps, et pourtant, si le champ de son tableau était réduit de moitié, la valeur des figures serait doublée. Ce que je dis d'ailleurs se rapporte à une théorie dont tous les peintres studieux ont reconnu la justesse, et que M. Robert-Fleury n'ignore certainement pas, à la théorie du sacrifice. Vouloir tout montrer, c'est ne rien montrer avec avantage. Traiter l'architecture et l'ameublement avec autant de soin que les personnages, c'est le plus sûr moyen de diminuer l'intérêt de l'action.

Les compositions lilliputiennes de M. Meissonnier obtiennent en 1857 le même succès que les années précédentes. L'auteur de ces tours de force, de ces ouvrages de patience, a-t-il gagné, a-t-il perdu ? Il est demeuré ce qu'il était, habile, adroit, ingénieux. Il profite de l'engouement des spectateurs sans négliger la correction et la pureté, qui entrent pour une bonne part dans sa renommée. Jusqu'à présent, M. Meissonnier ne s'est pas encore enfermé dans un espace plus étroit que la paume de la main : nous devons lui en savoir gré, car s'il lui plaisait de prendre pour mesure l'ongle du pouce, il arriverait certainement à faire des prodiges. Ses spectateurs se muniraient d'une loupe et regarderaient ses personnages comme on regarde un ciron. Il se montre généreux et n'abuse pas de ses avantages. Ce n'est pas d'ailleurs le seul remerciement que nous devions lui adresser. Cette année, son meilleur ouvrage dépasse les proportions lilliputiennes auxquelles nous sommes habitués. Les personnages du tableau que l'auteur appelle *la Confidence* ne sont pas plus petits que ceux de Miéris et de Metzu : les deux têtes sont des modèles de finesse ; l'attitude est familière et convient au sujet. En un mot, c'est un ouvrage qui ne peut manquer de plaire à tous ceux qui aiment les flamands et les hollandais. Il y a pourtant dans la renommée de M. Meissonnier quelque chose de blessant pour les partisans de l'art élevé. L'auteur de *la Confidence* est un homme très heureusement doué, mais il ne justifie pas, par l'excellence de ses œuvres, le bruit qui se fait autour de lui. Il exécute avec beaucoup d'adresse de très petites figures qui expriment une très petite action, qui parfois même regardent un vieux livre ou les pièces d'un échiquier. La foule, émerveillée, bat des mains et le prendrait volontiers pour un sorcier. La récompense ne dépasse-t-elle pas la valeur de l'œuvre ? Quand l'attention se porte avec tant d'acharnement vers les tours de force, la cause du goût n'est-elle pas compromise ? Qu'on rende justice à M. Meissonnier, rien de mieux. Il ne faudrait pourtant pas donner à son mérite des proportions mythologiques, car on arriverait ainsi à décourager tous ceux qui n'ont pas encore essayé de peindre une fourmi. Ne confondons pas le talent avec l'invention, si nous voulons que l'invention prospère.

M. Gérôme s'est rendu à l'avis de ses meilleurs amis, à l'avis de tous ceux qui ont applaudi à ses débuts. Il a senti qu'il n'était pas appelé aux vastes compositions, ou que du moins il n'avait pas encore assez d'expérience pour s'aventurer dans les entreprises périlleuses. *Le Siècle d'Auguste*, malgré plusieurs morceaux habilement exécutés, était demeuré presque inaperçu ; la *Sortie du bal masqué* obtiennent aujourd'hui un succès très légitime. C'est, à coup sûr, un des meilleurs ouvrages de l'auteur. Le sujet lugubre qu'il a choisi est traité avec une effrayante vérité. L'affaissement du blessé qui va rendre l'âme, l'empressement et la désolation des amis qui l'entourent et le soutiennent dans leurs bras, le meurtrier qui regarde sa victime d'un œil effaré, le témoin qui essaie de l'entraîner, tout est rendu avec une évidence qui fait honneur à M. Gérôme. La neige durcie, qui laisse à peine voir l'empreinte des pas, ajoute encore à l'effet sinistre de cette composition. Quant au costume des personnages, qui a soulevé des objections assez nombreuses, je ne saurais le blâmer, car il explique le sujet. Si l'on attendait jusqu'au lendemain pour vider une querelle de bal masqué, il n'y aurait pas de sang versé, la raison imposerait silence à la vanité blessée, les conseils de l'amitié seraient écoutés ; mais quand les deux adversaires sont encore échauffés par le vin, par la danse, par le bruit, chacun comprend qu'ils ne veuillent rien entendre, et jouent leur vie pour venger une injure qu'ils trouveraient indigne de leur colère après trois heures de sommeil. À mon avis, le costume de carnaval contribue puissamment à l'effet de la composition. M. Gérôme a voulu prouver par *la Sortie du bal masqué* que le genre expressif ne lui était pas interdit, et la preuve est complète. Désormais, quand il se contentera de dessiner avec précision le contour des figures et ne tentera rien au-delà, nous saurons que c'est paresse et non pas impuissance. Si nous partageons la joie de ses amis, si nous applaudissons au succès qu'il vient d'obtenir, nous voyons en même temps dans le tableau dont nous parlons un engagement qu'il sera bon de rappeler à l'auteur. Le talent qu'il vient de révéler nous rendra plus sévère dans l'avenir. J'aime à croire que M. Gérôme est en mesure de tenir ses promesses, et que ses prochaines compositions ne démentiront pas mes espérances. Instruit par les leçons de Paul Delaroche et de M. Gleyre, les moyens de rendre sa pensée ne lui manqueront jamais. Pourvu qu'il comprenne toujours, comme aujourd'hui, l'importance de l'expression, il aura devant lui une route sans épines et sans ronces.

L'engouement de la foule pour les compositions de M. Hamon est toujours aussi vif ; mais ceux qui aiment son talent d'un amour éclairé déplorent à bon droit la négligence avec laquelle il continue d'exécuter ses figures. Il possède une faculté précieuse, il saisit et il rend avec un bonheur singulier la physionomie et l'attitude des enfants. C'est par cette faculté qu'il a réussi, qu'il a séduit toutes les jeunes mères et obtenu rapidement une popularité bruyante. Tout le monde s'est plu à l'encourager, et c'était justice. Chacun espérait que M. Hamon ne méconnaîtrait pas l'utilité de l'étude et voudrait modeler après avoir ébauché. Hélas ! il n'a pas tenu compte des avertissements qui lui étaient donnés sous la forme la plus bienveillante. Il ébauchait, il ébauche encore, et paraît décidé à ne pas faire autre chose. Dans son tableau de *Ricochet*, composé de deux personnages et d'une poupée, la petite fille est charmante, quoique les jambes ne soient pas d'un dessin très pur ; mais la mère est bouffie, son visage n'est pas modelé, le vêtement ne laisse pas deviner la forme du corps, les proportions ne sont pas respectées. Je ne parle pas du sujet, c'est un enfantillage qui échappe à la discussion. Je ne veux ni le blâmer, ni l'approuver. Ce qui m'occupe, c'est l'exécution, que les plus indulgents ne sauraient trouver suffisante. Cependant le peintre ferait bien de ne pas traiter toujours les mêmes données. Il serait temps d'abandonner Berquin. M. Hamon a débuté naïvement, il tombe maintenant dans l'afféterie, ses figures ont presque autant de mignardise que de grâce. J'ai accueilli ses premiers ouvrages avec sympathie ; je lui donnerais encore les louanges que je lui ai données, s'il retrouvait la naïveté qu'il a perdue, s'il en était à ses débuts : malheureusement je ne puis oublier qu'il travaille pour le public depuis quelques années, et je trouve qu'il n'a pas mis le temps à profit. Il se conduit comme un enfant gâté et se moque des remontrances. Jusqu'à présent, la foule lui a donné raison, les applaudissements ont étouffé les objections ; mais que M. Hamon y prenne garde, les yeux de la foule pourraient bien finir par se dessiller. S'il ne se décide pas à traiter sérieusement des sujets qui ne ressemblent pas à ceux qu'ils a traités jusqu'ici, s'il ne modèle pas au lieu d'ébaucher, s'il méconnaît l'autorité des proportions, comme dans *Ricochet*, la popularité lui échappera, et peut-être fera-t-il plus tard de vains efforts pour la ressaisir ; peut-être se rappellera-t-il avec amertume les conseils qu'il dédaigne aujourd'hui. L'engouement du public n'est pas éternel et ne résiste pas à l'épreuve de la satiété. Que M. Hamon se ravise et devienne studieux, c'est le vœu de tous ses amis.

Les compositions de M. Comte, qui plaisent aux gens du monde et ne sont pas dépourvues de mérite, obtiendraient les suffrages des hommes du métier, si l'auteur se décidait à traiter avec plus de soin la forme des figures. Il se préoccupe du ton des meubles, de la couleur des étoffes, et paraît oublier que le dessin des personnages est le point capital. Il les groupe d'une manière ingénieuse, et ses tableaux ne manquent pas d'harmonie ; mais s'il veut prendre place parmi les peintres sérieux, il faut absolument qu'il se décide à changer ses habitudes. Un bahut, un buffet, une robe, un pourpoint, ne sont que des parties accessoires. C'est la tête, c'est le corps qu'il s'agit d'abord de rendre avec précision. M. Comte procède autrement, et je crois qu'il se trompe. *François Ier visitant Benvenuto Cellini dans son Atelier, Henri III visitant sa ménagerie de singes, Catherine de*

Médicis chez l'astrologue Ruggieri, Jeanne Grey devant le tribunal des évêques, justifient pleinement les reproches que je lui adresse. Cependant le défaut que je viens de signaler se révèle surtout dans les deux premières compositions. Henri III et François Ier sont dessinés avec une négligence que j'ai peine à m'expliquer. Le succès devrait être pour l'auteur un puissant aiguillon. Réussir n'est pas une raison pour demeurer au point où l'on est parvenu, mais pour faire de nouveaux efforts et pousser plus avant ses études. Dans le tableau de *Catherine de Médicis chez Ruggieri*, il y a plus d'élégance et de correction. Dans celui de *Jeanne Grey*, l'expression des physionomies et l'attitude des personnages sont traitées avec soin. À l'exception de l'épisode emprunté à l'histoire d'Angleterre, toutes ces compositions appartiennent au genre anecdotique, et les amateurs sont habitués à ne pas se montrer exigeants pour les œuvres de cette nature. Pourvu que les costumes leur plaisent, que les couleurs soient bien assorties, ils ne songent guère à demander davantage. Je crains que l'auteur des tableaux qui m'occupent en ce moment ne soit abusé par l'indulgence des amateurs. Il connaît et il sait imiter avec adresse les ameublements et les costumes de la renaissance, et les compliments qu'il reçoit lui ont peut-être persuadé qu'il n'a plus rien à apprendre… Je désire que ses amis lui affirment le contraire. Il possède certainement une part de talent qui n'est pas à dédaigner, mais il ignore encore ce qui donne aux œuvres du pinceau de la valeur et de l'intérêt : la forme vraie, la forme simple et sévère. Non-seulement il n'a pas encore atteint le but de la peinture, mais encore il n'a fait qu'un petit nombre de pas pour s'en approcher. Ses ouvrages les plus heureux ne sont guère que d'ingénieux essais. Il faut dans tous les genres, même dans le genre anecdotique, traiter les figures avec plus de soin que les meubles et les costumes.

Les peintures exécutées par M. Matout pour l'École de Médecine attirent l'attention de tous ceux qui aiment à voir une donnée franchement acceptée malgré les nombreuses difficultés qu'elle pressente, traitée sans hésitation, sans gaucherie. *Desault démontrant à ses élèves l'application de son nouvel appareil pour la réduction des fractures de la cuisse* n'est pas à coup sûr un sujet attrayant ; mais si l'on tient compte de la destination du tableau demandé à M. Matout, on ne s'étonne pas d'un pareil choix. Le peintre a compris qu'il ne devait pas tenter de corriger l'austérité de la scène qu'il avait à représenter. Il a placé le chirurgien au milieu de ses élèves, au lit du malade, et la fermeté de sa décision lui a porté bonheur. Tout l'intérêt d'un tel tableau est dans la fidélité, Il n'est pas permis de changer la nature des choses, d'atténuer ce qu'elles ont de pénible et d'affligeant pour plaire aux spectateurs. Les yeux qui regarderont cette toile sont habitués à la vue de la souffrance. M. Matout s'en est souvenu et n'a pas cherché à dissimuler la tristesse de la donnée ; cependant, s'il lui était interdit d'atténuer ce qui pouvait blesser les yeux des hommes étrangers à la science, il ne lui était pas défendu de traiter librement la physionomie des personnages, je dis librement tout en respectant le caractère de la donnée. Or les personnages représentés par M. Matout expriment très clairement ce qu'ils doivent exprimer. Maître, élèves, patient sont dans leur rôle. Autorité, attention, confiance, tout est rendu avec évidence. Je ne crois pas que l'interprétation dût se montrer plus hardie. L'invention proprement dite, dans l'acception la plus large du mot, n'était pas permise en pareille occasion. M. Matout n'a méconnu aucune des conditions qui lui étaient imposées, et nous pouvons, sans manquer à la vérité, dire que son travail se recommande par des qualités solides. Son *Ambroise Paré* avait attiré l'attention sur son nom ; le tableau dont je viens de parler ne sera pas accueilli avec moins de bienveillance : ne rien négliger pour accomplir sa tâche jusqu'au bout, réunir tous les renseignements qui peuvent donner aux personnages un accent de vérité, voilà ce qu'il fallait faire, et l'auteur n'y a pas manqué. Je souhaite qu'il ait à traiter bientôt un sujet d'une autre nature, qui intéresse un plus grand nombre de spectateurs. Nous saurons alors s'il est capable d'inventer, car jusqu'ici il n'a guère montré que l'intelligence de la réalité. C'est un mérite dont je ne fais pas fi, mais un peintre qui aime son art ne doit pas s'en tenir là. M. Matout est plein de zèle, de bonne volonté. Après avoir essayé ses forces dans la représentation des scènes empruntées à la clinique, j'espère qu'il se trouvera plus à l'aise dans l'histoire profane ou l'histoire sainte.

Nous retrouvons M. Courbet tel que nous le connaissons depuis ses *Baigneuses*, qui ont excité tant de scandale. Il exprime habilement ce qu'il veut, mais ce qu'il veut est toujours singulier, et blesse le goût des moins délicats. Ses *Demoiselles des bords de la Seine* semblent un défi porté à tous ceux qui ont blâmé le choix des sujets qu'il se plaît à traiter. Comment est placée la femme qu'il nous montre ? Je ne me charge pas de le deviner. Il y a pourtant du talent dans cette figure étrange, un talent d'exécution que personne ne peut songer à contester ; mais quel talent mal dépensé ! Toutes les remontrances viennent échouer contre l'obstination de l'auteur : lui dire qu'il se trompe est parfaitement inutile. Je croyais d'abord qu'il avait choisi le scandale comme un moyen de succès, avec l'intention de prendre une autre voie dès que son nom serait connu. Maintenant je commence à changer d'avis, car son nom est connu, et il persévère. La réalité, qu'il imite avec adresse, est à ses yeux le dernier terme de l'art ; il ne voit rien au-delà, ses ouvrages nous donnent le droit de le penser. Sa *Biche forcée à la neige* ne manquerait pas d'intérêt, si la neige, au lieu de monter perpendiculairement vers le sommet du cadre, fuyait vers l'horizon. Il y a là une faute de perspective que rien ne saurait justifier.

Les *Chevaux français, gros percherons*, de M. Verlat, semblent appartenir à l'école de M. Courbet, car M. Courbet fait malheureusement école. M. Verlat se dit élève de l'académie d'Anvers. Il fait bien de le dire, on ne s'en douterait pas. Avoir puisé les premières notions de l'art dans une ville où Rubens a composé ses plus beaux ouvrages, et faire le portrait d'une charrette attelée de percherons, voilà ce que j'ai peine à comprendre. Encore si le portrait de cette charrette occupait un étroit espace ; mais non, l'attelage est grand comme nature, et pour comble de malheur, le percheron placé en avant ne tire pas. Il y a dans ce tableau, ridicule par sa dimension, un talent d'imitation que je ne veux pas nier ; mais, pour concevoir une telle œuvre, il faut n'avoir pas grand'chose dans la tête.

M. Gigoux est lui-même chef d'école, quoique ses disciples me soient inconnus. Je l'entends dire, et je consens à le croire. Sa *Veille d'Austerlitz* est pour ses élèves un triste enseignement. Les torches qui éclairent la toile ont tant d'importance, et les figures sont disposées d'une manière si théâtrale, que la composition tout entière ressemble à une scène de mélodrame. C'est une étrange manière d'interpréter l'histoire. Charlet et Raflet ont pourtant montré à M. Gigoux comment on traitait les sujets militaires.

La Razzia de M. Loubon est une heureuse tentative dans le genre des deux maitres que je viens de nommer. Il y a dans cette toile un entrain, une ardeur qui plairont sans doute aux hommes de guerre, et en même temps un choix de couleurs qui prouve que l'auteur a fait de sérieuses études. Dans un ordre d'idées tout différent, M. Dubuisson a montré un talent d'une grande énergie : ses *Défricheurs* se recommandent à l'attention par l'élégance et la fermeté du dessin. Dire que je préfère cet attelage de bœufs aux *Percherons* de M. Verlat serait faire à M. Dubuisson un piètre compliment ; je me contenterai de le citer comme un ouvrage bien conçu et d'une bonne exécution.

J'aime à penser que M. Dauzats, en nous envoyant sa *Mosquée de Cordoue*, a voulu justifier les éloges de don Federico de Madrazo et de don Eugenio de Ochoa. C'est une excellente intention, à laquelle nous ne pouvons qu'applaudir. Pourquoi faut-il que le succès réponde à l'intention d'une manière si incomplète ? Dans *la Mosquée de Cordoue* comme dans tous les ouvrages de l'auteur, l'architecture est traitée avec adresse ; mais les figures sont très loin de valoir l'architecture. M. Dauzats compromet ses amis d'Espagne. La plume de don Eugenio nous a rendu exigeants, et nous avons le droit de demander quelque chose de mieux que *la Mosquée de Cordoue*.

Parmi les portraits, je ne peux guère louer qu'un très beau portrait de femme de M. Hippolyte Flandrin. Le portrait de l'impératrice par M. Winterhalter, quoique très supérieur au *Décaméron* de 1855, n'est pas dessiné avec assez d'élégance pour obtenir l'approbation des connaisseurs. M. Ricard continue d'imiter l'école vénitienne et oublie de modeler. MM. Horace Vernet et Larivière ; n'ont fait que des portraits d'un style assez mesquin et d'une couleur très peu satisfaisante. Le portrait équestre de l'empereur n'a pas même les qualités auxquelles M. Vernet nous a depuis longtemps habitués. Le cheval manque de vie, et les épaules sont modelées avec négligence. Les maréchaux Canrobert et Bosquet sont d'un ton cru qui rappelle les papiers peints. Le maréchal Baraguey-d'Hilliers, l'amiral Parseval-Deschênes n'ont pas mieux inspiré M. Larivière. Le portrait au pastel de Mme la comtesse de Castiglione prouve trop clairement que M. Giraud n'a pas étudié les pastels de Latour. S'il les eût étudiés, il n'aurait jamais songé à traiter la forme de son modèle d'une manière si sommaire. Le visage, sans être dessiné très purement, est au moins indiqué de façon à contenter ceux qui ne tiennent pas à la précision ; quant au torse, quant aux membres, il n'en est pas question. La robe est vide et tombe comme un rideau.

Le paysage est aujourd'hui, j'ai regret à le dire, la partie la plus florissante de la peinture française. Bien des gens s'en réjouissent, les vrais amis de la peinture s'en affligent à bon droit. La prospérité du paysage ne serait pas un fait à déplorer, si la composition, dans ce genre d'ailleurs très digne d'intérêt, avait autant d'importance que l'exécution ; mais, pour le croire, il faudrait fermer les yeux à l'évidence. L'école française compte aujourd'hui des artistes habiles dans l'imitation de la nature ; ceux qui associent le paysage à l'expression d'une pensée sont malheureusement trop faciles à compter. Cependant la notion de l'idéal n'est pas encore complètement perdue. Pour le prouver, il me suffira de nommer M. Corot. Personne n'a oublié son *Joueur de flûte*, qui pouvait se comparer aux plus fraîches idylles de Théocrite. M. Corot est encore aujourd'hui le représentant le plus heureux du paysage poétique. Il possède toutes les qualités qu'il possédait il y a dix ans ; mais si sa pensée a conservé toute sa grandeur, s'il est toujours aussi ingénieux dans l'invention, il exprime toujours ce qu'il a conçu avec la même gaucherie, la même maladresse. Il sait très bien ce qu'il veut, et ce qu'il veut est presque toujours digne de louange. L'heure venue de traduire sa volonté, sa main hésite ; on dirait que sa vue se trouble et n'aperçoit plus qu'à travers un nuage le modèle qu'elle avait d'abord contemplé dans toute sa pureté. Si M. Corot savait présenter sous une forme précise les fruits de son imagination, il occuperait aujourd'hui un rang très élevé dans l'école française. L'insuffisance, l'inhabileté de l'exécution l'oblige à se contenter du suffrage de quelques amis, de l'approbation éclairée d'un petit nombre de connaisseurs. Vraiment c'est grand dommage, car personne ne comprend le paysage d'une manière plus poétique. Il y a chez lui une finesse d'intelligence, une délicatesse de goût qui le placeraient parmi les peintres les plus éminents, s'il connaissait toutes les lois de la langue dont il se sert. Les plus bienveillants sont forcés d'avouer qu'il les ignore, ou du moins qu'il les connaît très imparfaitement. Terrains, troncs et feuillages, tout demeure à l'état d'ébauche dans les compositions de M. Corot. Il indique ce qu'il a conçu avec un bonheur singulier ; il ne sait pas mettre sa pensée au net. Or les ébauches ne peuvent séduire que les gens du métier, capables de rêver le complément de ce qu'ils aperçoivent sous une forme confuse. Quant au public, les ébauches n'arrivent pas jusqu'à lui ; elles le laissent indifférent, parce qu'il faut à son intelligence une langue claire et précise. Pour lui, tout ce qui est inachevé est comme non avenu. M. Corot n'a pas le droit de se plaindre. Il possède l'estime et la sympathie des hommes du métier ; il n'est pas populaire et ne devait pas l'être. Il n'a pas travaillé pour la foule, et la foule connaît à peine son nom. Tout s'est passé comme on pouvait le prévoir.

M. Daubigny, doué d'une imagination moins puissante que M. Corot, réunit un plus grand nombre de suffrages, et nous ne devons pas nous en étonner, car il possède une main beaucoup plus habile. Si *le Printemps, une Futaie de Peupliers, un Soleil couché*, ne sont pas des merveilles d'invention, l'exécution de ces tableaux a de quoi plaire à ceux qui aiment à retrouver ce qu'ils ont vu sous une forme élégante et harmonieuse. La *Futaie de Peupliers* doit contenter pleinement les partisans de l'imitation littérale. Écorce et feuillage, tout est rendu avec fidélité. Cette toile, il est vrai, n'offre pas un bien vif intérêt, et ne dit pas grand'chose à l'intelligence du spectateur ; mais si cette futaie, comme je le crois, est un simple portrait, celui qui possède l'original doit s'empresser d'acquérir la copie. Quand il aura fait une coupe fructueuse, il placera dans son salon ce précieux souvenir. Dans le *Soleil couché*, l'imagination intervient. L'expression poétique n'est pas négligée. Il y a dans ce tableau un sentiment qui ne manque pas de grandeur. Ce n'est pas encore le caractère épique ; mais la manière dont les diverses parties sont disposées, les détails éteints, les détails mis en relief, concourent heureusement à l'effet général. Cependant on pourrait souhaiter plus de franchise dans la conception. Si ce n'est pas la réalité littérale, ce n'est pas encore la réalité assez librement interprétée. Il y a dans les terrains des morceaux qui gagneraient à changer de forme. M. Daubigny, porté par la nature de ses facultés vers le paysage poétique, procède encore trop timidement. Dans son *Printemps* comme dans son *Soleil couché*, il se tient encore trop près des choses qu'il a vues. Il n'ose pas dire ce qu'il sent en pliant les choses au sentiment qu'il éprouve. Il entrevoit les régions élevées de l'art, il se met en route pour y entrer, et le courage lui manque pour les fouler d'un pied libre et vigoureux. Ses tentatives, quoique timides, méritent les encouragements de tous ceux qui dédaignent l'imitation littérale. La voie qu'il a choisie n'est pas aujourd'hui très fréquentée. Si nous voulons qu'elle porte bientôt des empreintes de pas plus nombreuses, il ne faut rien négliger. M. Daubigny ne s'en tient pas au paysage prosaïque, au paysage qui réussit aujourd'hui ; pour qu'il entraîne à sa suite ceux qui hésitent encore sur le choix du chemin, nous devons d'abord lui dire qu'il est dans le vrai, et lui dire d'une voix plus haute qu'il n'embrasse pas assez résolument la cause de la vérité. Puisqu'il a raison, qu'il ne tâtonne plus, qu'il interprète librement ce qu'il voit, et ne se défie plus des facultés qu'il possède. Il a révélé cette année ce que ses premiers ouvrages permettaient de pressentir, un sentiment poétique dont le paysage ne peut se passer. Qu'il s'engage donc plus hardiment dans ce pays de la fantaisie, que le vulgaire n'a jamais entrevu, et que tous les artistes glorieux ont voulu visiter.

Les compositions de M. Français n'ont pas grand'chose à démêler avec l'invention, et cependant il serait injuste de les passer sous silence. Si elles relèvent de la réalité, elles sont traitées avec une élégance, une précision qui les désignent à l'attention de la foule. La plus importante de ces compositions, *une Journée d'hiver*, peut se comparer, pour la finesse des détails, aux paysages de l'école hollandaise. Les arbres dépouillés de leurs feuilles sont rendus avec une adresse merveilleuse ; la neige n'est pas copiée avec moins de fidélité. Quant aux montagnes du fond, je consens à croire qu'elles sont imitées exactement : je ne mets pas en doute la sincérité de l'auteur ; mais comme, au lieu de se détacher du ciel, elles paraissent faire un trou dans le ciel, l'exactitude de la représentation fût-elle cent fois démontrée, c'était le cas de tricher. Que l'aspect des choses donne parfois raison à M. Français, je ne le nie pas : le point capital est de se faire comprendre, et les montagnes de son tableau ne s'expliquent pas assez clairement. En face de la nature, lors même que l'apparence n'est pas d'accord avec la réalité, on est obligé d'accepter l'apparence ; en face de l'imitation, on a le droit de se montrer plus exigeant et de demander que l'apparence laisse deviner la réalité. Or, dans le tableau de M. Français, l'apparence contredit la réalité. Le ciel est plus rapproché de l'œil que les montagnes, tandis que les montagnes devraient être plus près de nous que le ciel. C'est une chose excellente que de bien voir, un talent précieux que de bien rendre ce qu'on a vu ; mais en peinture il ne faut jamais séparer la vraisemblance de la vérité, et M. Français a méconnu l'autorité de cette maxime dans sa *Journée d'hiver*. Le *Souvenir de la vallée de Montmorency* est un tableau charmant. Les arbres sont d'une forme élégante, et je comprends que ce paysage-portrait excite l'admiration. On aimerait à s'asseoir sous les ombrages de cet heureux séjour. Le dirai-je pourtant ? Parmi les ouvrages envoyés par M. Français, celui qui possède à mes yeux la plus grande valeur, le mérite le plus solide, c'est *le Ruisseau de Neuf-Pré, aux environs de Plombières*. Au premier aspect, la toile manque de profondeur ; mais regardez bien, regardez pendant quelques minutes, la toile se creuse et l'espace s'agrandit : pierres, écume, troncs et feuillage, tout s'ordonne, et le regard contemple avec bonheur ce coin de bois, où le murmure de l'eau accompagne doucement les soupirs de la brise. Comme exécution, cette petite toile mérite des éloges sans réserve. Toutes les parties en sont traitées avec une adresse merveilleuse. M. Français connaît maintenant tous les secrets techniques de son métier. S'il possède la faculté d'inventer, s'il se décide à la développer par des études nouvelles et d'un ordre plus élevé, la popularité ne lui manquera pas. Il compte dès à présent parmi les imitateurs les plus habiles ; quant au don poétique, il ne l'a pas encore révélé.

Je voudrais pouvoir dire que M. Théodore Rousseau agrandit sa manière, car il y a dans ses ouvrages un accent de vérité qui m'inspire une vive sympathie ; mais je suis obligé d'avouer qu'il est cette année ce qu'il était il y a deux ans. Il copie très habilement ce qu'il voit, malheureusement il se borne à copier. Il réussit : ses tableaux n'attendent pas les acheteurs ; chacun le sait, et comme on estime trop souvent le mérite d'après le succès, pour bien des gens M. Rousseau représente la perfection. Le bon sens veut qu'on sépare le succès du mérite : le mérite se discute ; quant au succès, il suffit de le constater. M. Rousseau avait débuté par des ébauches parfois confuses, parfois éclatantes, qui n'étaient pas dépourvues de caractère poétique ; seulement, en raison même de leur confusion, ces ébauches se prêtaient aux interprétations les plus diverses. Chacun y voyait ce qu'il voulait y voir, et la contradiction était difficile. À parler franchement, ce n'était pas de la peinture sérieuse. Maintenant la confusion a disparu. M. Rousseau écrit très nettement la forme des choses, mais il n'écrit que la forme des choses. Quant au sentiment que laissaient deviner ses premières ébauches, il ne paraît plus y attacher grande importance. Il a quitté la rêverie pour l'imitation, et comme sur le marché l'imitation a plus de valeur que la rêverie, je crains fort qu'il ne continue pendant longtemps à faire ce qu'il fait aujourd'hui. Avec le talent qu'il possède maintenant et son ambition d'autrefois, il y aurait de quoi composer un peintre d'un ordre élevé.

M. Desjobert se préoccupe de l'imitation comme M. Français, comme M. Rousseau. Jusqu'à présent, il n'a pas essayé d'inventer. Il tient à prouver qu'il sait faire un morceau, et il le prouve. Je dois lui dire que son *Entrée de Forêt*, dont les diverses parties sont traitées avec habileté, gagnerait beaucoup, si la toile était réduite de moitié. Les proportions qu'il a choisies ne conviennent pas au sujet, si toutefois une entrée de forêt est vraiment un sujet. Les arbres sont élégants, les terrains solides et d'une bonne couleur ; l'air circule dans le feuillage, l'espace s'étend devant le regard. Ces mérites sans doute ne sont pas à dédaigner ; mais une entrée de forêt serait mieux placée dans un cadre plus étroit. Dans ce tableau, rien ne s'adresse à la pensée, tout s'adresse aux yeux, et je ne comprends pas l'utilité d'un si vaste champ pour une telle donnée. Une petite toile du même auteur, *le Pont rompu*, se recommande par la précision des détails. C'est un ouvrage qui révèle des habitudes studieuses, et dont les proportions sont d'accord avec le sujet. M. Desjobert paraît se contenter difficilement : c'est le plus sûr moyen de bien faire ; mais quand il sera parvenu aux dernières limites de l'imitation, il ne sera encore que sur le seuil du paysage. Qu'il ne l'oublie pas, s'il veut que ses ouvrages intéressent les esprits élevés.

S'il fallait juger l'état présent de la peinture française d'après les ouvrages exposés cette année, on serait obligé de formuler des conclusions bien sévères, car si le talent ne manque pas, si les genres secondaires sont traités avec habileté, les compositions de grand style font absolument défaut. Pour demeurer dans l'équité, il faut se rappeler que MM. Ingres, Decamps et Delacroix n'ont rien envoyé. Leur absence a trop d'importance pour qu'on n'en tienne pas compte quand il s'agit d'exprimer une opinion sur l'état présent de notre école. Restreignant la portée de nos paroles dans la mesure que le bon sens commande, nous sommes obligé d'affirmer que le nombre des œuvres élevées diminue de jour en jour. En parcourant le salon de cette année, on aperçoit des morceaux bien faits, des scènes rendues avec adresse, quelquefois avec élégance ; mais chercher l'expression d'une idée grande serait peine perdue. Non-seulement la pensée ne tient pas le premier rang, mais elle est à peu près oubliée. La peinture, pour ceux qui tiennent le pinceau comme pour ceux qui regardent leurs œuvres, semble n'être qu'un passe-temps. Réveiller de grands souvenirs, élever les âmes par la représentation des actions héroïques, émouvoir par l'expression des passions, cela était bon pour les rêveurs, et la rêverie n'est pas à la mode. La peinture n'a guère d'autre souci que d'amuser, ou d'exciter la curiosité ; elle ne s'attribue aucune mission morale, et paraît oublier qu'elle doit s'adresser à l'intelligence en même temps qu'aux yeux, ou plutôt qu'elle ne doit parler aux yeux que pour parler à l'intelligence. Elle veut se faire réelle et se fait puérile ; elle sacrifie la pensée, le sentiment à la représentation des choses, et demeure sans action sur l'esprit de la foule. À Dieu ne plaise que je conseille à ceux qui tiennent le pinceau d'enfermer une leçon dans chacun de leurs ouvrages ! ce n'est pas ainsi que je comprends le respect de la pensée dans les arts du dessin ; mais sans procéder d'une manière dogmatique, ce qui serait insensé, la peinture peut choisir des sujets d'un ordre élevé, les traiter dans un style pur et sévère, habituer la foule à la contemplation de la beauté, l'affranchir pendant quelques instants des préoccupations mesquines, et prendre ainsi une part importante dans le gouvernement des intelligences. Qu'elle se complaise dans la représentation des actions héroïques, dans l'expression des sentiments généreux, et sans devenir dogmatique, elle agira sur les instincts de la génération nouvelle. L'amour du beau, l'amour du bien, ne sont pas si étrangers l'un à l'autre que l'ignorance s'est habituée à le penser. Que la peinture, qui est aujourd'hui puérile, redevienne sérieuse, néglige le joli et l'amusant pour s'attacher à la beauté : notre école se relèvera.

LA SCULPTURE

La sculpture semblerait devoir échapper aux caprices de la mode. La nature même du but qu'elle se propose la place dans une région supérieure. Parmi les arts du dessin, c'est le plus chaste et le plus idéal. En demeurant fidèle aux conditions acceptées et proclamées par les grands maîtres, la sculpture se déroberait à l'inconstance du goût public, ou du moins pourrait la combattre avec autorité ; mais elle est entrée maintenant dans une voie aussi périlleuse que la voie suivie par la peinture. Aujourd'hui le maniement du ciseau relève de la mode, comme le maniement du pinceau. C'est un fait entouré désormais d'une pleine évidence. Quant à l'explication, elle n'est pas difficile à trouver : la sculpture de notre temps, je parle de la sculpture française prise dans son ensemble, s'est soumise au contrôle du premier passant en abandonnant la tradition grecque, italienne et française, pour l'imitation littérale du modèle vivant.

Je ne veux, bien entendu, exprimer ici aucune opinion absolue. Il y a dans l'école française de nos jours des exceptions que je n'ai pas besoin de rappeler. Il me suffira de citer le nom de Simart, qui vient de mourir dans la force de l'âge et dans la maturité du talent. Formé par les leçons de Pradier, par les leçons de M. Ingres, Simart comprenait toute l'importance de la tradition, et quoiqu'il ne fût pas doué de facultés très hautes, quoique son éducation première eût été fort négligée, il était parvenu par un travail obstiné à réparer le temps perdu. Depuis son *Oreste poursuivi par les Euménides* jusqu'à ses bas-reliefs du tombeau de Napoléon, il n'avait pas laissé passer un seul jour sans acquérir une connaissance nouvelle. La renommée, qu'il rêvait avant d'obtenir le grand prix de Rome, était venue récompenser la persévérance de ses efforts. Malheureusement l'école française, prise dans son ensemble, est loin de suivre la voie où s'était engagé Simart : elle croit qu'il suffit de copier le modèle, et professe pour l'idéal un dédain superbe. Or, si elle voulait bien consulter l'histoire, elle comprendrait toute l'étendue de sa méprise. Prenons en effet la tradition grecque, la tradition italienne, la tradition française dans leurs plus glorieux représentai ; étudions Phidias, Michel-Ange, Jean Goujon. S'en tenaient-ils, comme l'école française de nos jours, à l'imitation littérale du modèle vivant ? La réponse est écrite dans la mémoire de tous les hommes studieux. La *Cérès* du Parthénon, la *Diane* du château d'Anet, le *Moïse* de Saint-Pierre-aux-Liens, révèlent clairement la doctrine suivie par ces maîtres illustres. Ils savaient imiter et n'imitaient pas. La réalité leur était familière, mais ils s'élevaient au-dessus de la réalité. Pour eux, la forme n'avait pas de secrets. Ils pouvaient modeler sans effort tout ce que leurs yeux avaient aperçu, et ne voyaient pourtant dans la forme qu'une langue destinée à l'expression de leur pensée.

Entre les représentants de cette triple tradition, qui n'est, à vrai dire, qu'une tradition unique, puisque l'Italie et la France relèvent de la Grèce, le choix n'est pas difficile à faire. La *Cérès* du Parthénon domine le *Moïse* de Saint-Pierre-aux-Liens et la *Diane* du château d'Anet. Michel-Ange, Jean Goujon sont les élèves respectueux, mais infidèles de Phidias. Ce qu'il importe de noter, c'est la simplicité, la perpétuité de la doctrine qui unit le maître aux élèves. La Grèce au temps de Périclès, l'Italie et la France au temps de la renaissance ont voulu une seule et même chose, — l'agrandissement du modèle vivant par l'intervention de la pensée. — L'école française de nos jours procède autrement : elle prend l'imitation du modèle vivant pour le terme suprême de ses efforts ; elle répudie la tradition grecque, italienne et française, et croit faire un pas en avant, c'est-à-dire qu'elle répudie la langue articulée, la langue écrite, pour le bégaiement. C'est à ces termes que se réduit la supériorité dont elle se vante si fièrement. Personne aujourd'hui n'est en mesure de refaire la *Cérès*, le *Moïse*, ou la *Diane* ; tous les hommes éclairés le savent de reste. Le plus grand nombre de nos sculpteurs dédaigneraient d'engager la lutte avec les maîtres à qui nous devons ces trois glorieuses figures ; voilà ce qu'on ignore généralement. La tradition, c'est-à-dire l'enseignement transmis de génération en génération depuis Périclès jusqu'à Jules II, jusqu'à Henri II, n'est aux yeux de nos sculpteurs qu'une aberration permanente. Phidias, Michel-Ange, Jean Goujon inventaient, faute de pouvoir imiter. Dans leurs moments les plus heureux, ils se rapprochaient de la nature, mais ils ne possédaient pas un savoir assez profond pour demeurer toujours vrais. Ce que nous appelons leur génie ne serait donc en réalité qu'un signe de défaillance ! La doctrine que je résume ici a porté ses fruits. Le plus chaste et le plus idéal de tous les arts, la sculpture, est devenu prosaïque et sensuel. Les grandes pensées, les émotions généreuses ne sont plus de son domaine. La sculpture abandonne l'harmonie des lignes pour les plis de la peau, et quand le regard ne lui suffit pas, elle recourt au moulage. Une épaule, un genou fidèlement imités sont aujourd'hui des titres de gloire. Si quelqu'un s'avise de signaler la mesquinerie d'une figure où se rencontrent ces glorieux morceaux, il se voit exposé aux reproches d'ignorance et d'injustice. Ainsi vouloir que la sculpture demeure dans les régions élevées où elle a vécu avec Phidias, avec Michel-Ange, avec Jean Goujon, c'est prouver qu'on ne possède pas les notions les plus élémentaires de l'esthétique. Rêver, souhaiter quelque chose au-delà de ce qui est, demander des lignes plus pures, plus harmonieuses que les lignes du modèle vivant, c'est montrer clairement son incompétence.

Cependant, sans remonter jusqu'à la renaissance, jusqu'au siècle de Périclès, en n'interrogeant que le temps présent, nous pouvons établir le néant et la folie de cette affirmation. Les sculpteurs les plus habiles, dont les œuvres ont été achevées sous nos yeux, Pradier, David et Barye, n'ont pas dédaigné la tradition ; seulement chacun d'eux l'a comprise à sa manière. Pradier passe pour l'avoir suivie plus fidèlement que David et Barye. C'est là l'opinion accréditée. Est-ce l'expression de la vérité ? Je ne le pense pas. Pradier inventait rarement, et l'on s'est habitué à prendre l'impersonnalité de son talent pour le sentiment le plus profond et le plus parfait du génie antique. David, dont les ouvrages ne sont pas toujours d'un goût très pur, se rattache à l'antiquité par son habitude d'idéaliser le modèle. Qu'il ait méconnu plus d'une fois l'élégance et l'harmonie, c'est un fait acquis à la discussion ; mais il ne s'en tenait pas au témoignage de ses yeux, il agrandissait ce qu'il voyait, et suivait à son insu ou à bon escient les leçons de la Grèce. Quant à Barye, il a prouvé en mainte occasion son respect pour la tradition. Depuis son groupe de *Thésée luttant avec le Minotaure*, qui rappelle le style éginétique, jusqu'à ses groupes de *la Paix* et de *la Guerre*, placés au nouveau Louvre, il a toujours témoigné à la Grèce un respect filial.

Ainsi l'imitation littérale, qu'on voudrait nous donner pour une doctrine supérieure à tous les enseignements de l'antiquité, de la renaissance, n'a pas encore trouvé de glorieux parrain. Si le passé tout entier ne l'avait pas d'avance réfutée, les plus belles œuvres du siècle présent suffiraient pour la réduire à sa juste valeur. Et cependant cette doctrine gouverne aujourd'hui les trois quarts au moins de nos sculpteurs. Quand ceux qui tiennent le ciseau se croyaient obligés d'inventer, et ne voyaient dans l'imitation du modèle vivant qu'un moyen d'exprimer ce qu'ils sentaient, les spectateurs de bonne foi hésitaient à se prononcer sur le mérite d'une figure, d'un groupe ou d'un bas-relief ; Aujourd'hui l'hésitation est devenue plus rare, et la sincérité des spectateurs ne peut être mise en doute. Quand ils parlent, quand ils donnent leur avis, ils ne sont coupables ni de présomption ni d'outrecuidance. Comme ils ont devant les yeux un morceau de marbre taillé à l'image de la réalité, ils se trouvent tout naturellement compétents, car ils n'ont à juger que l'exactitude, la fidélité de l'imitation. Ils comparent ce qu'ils voient à ce qu'ils ont vu, et consultent leurs souvenirs, comme l'orfèvre consulte la pierre de touche pour connaître le titre d'un bijou. La sculpture, en se faisant prosaïque, tombe sous le contrôle des spectateurs lettrés ou illettrés, habitués à penser ou étrangers à toute réflexion.

Or est-il bon pour la sculpture que tout le monde se croie appelé à la juger ? Je suis très loin de le penser. Je me rappelle un temps où des hommes, très éclairés d'ailleurs, se récusaient en pareille matière, et avouaient sans détour leur incompétence. Ils reconnaissaient l'importance des études préliminaires, et, n'ayant pas eu l'occasion de comparer les œuvres du ciseau grec aux œuvres du ciseau italien, ils n'osaient prononcer un jugement sur les œuvres du ciseau français. Aujourd'hui tout est bien changé : chacun se croit compétent, chacun use d'un droit qui lui semble évident. Comme il s'agit tout simplement de comparer le marbre à la réalité vivante, les études préliminaires deviennent inutiles. Les spectateurs s'imaginent qu'ils en savent autant que l'auteur de la statue placée devant leurs yeux. Ils se trompent dix-neuf fois sur vingt, car la connaissance de la forme réelle n'est pas si vulgaire qu'on le pense. Lors même qu'on arriverait à supprimer complètement l'expression de l'idéal, lors même qu'on réduirait la sculpture à l'imitation du modèle vivant, les juges capables d'estimer la valeur d'une statue ne seraient pas encore très nombreux. Pour connaître la forme réelle, on ne peut se dispenser de l'étudier, et chacun, sans se flatter de la deviner, croit la savoir par cœur. Aussi, à propos même d'une figure qui n'exprime rien, dont l'auteur n'a pas eu d'autre ambition que de copier ce qu'il voyait, on recueille les opinions les plus contradictoires. Parmi les spectateurs qui se disent tous compétents, il n'y en a qu'un très petit nombre qui connaisse le modèle vivant. Comme nos mœurs dérobent au regard la forme du corps, bien des gens se prononcent à l'étourdie. Il n'y a donc pour la sculpture, abstraction faite de toute considération théorique, aucun avantage à supprimer l'idéal. Si elle croit, par cette élimination imprudente, se rendre populaire, elle tombe dans une grave méprise : elle s'amoindrit, elle renonce au caractère élevé qui lui appartient, et n'est pas jugée avec plus d'indulgence.

Le danger que je signale ne doit pas être imputé tout entier aux partisans de l'imitation. Des hommes très habiles, préparés par les études de leur jeunesse à la conception, à l'exécution de figures élégantes, harmonieuses, ont oublié le but vers lequel ils devaient marcher pour obtenir de faciles succès. Trouvant l'admiration une conquête trop laborieuse, ils ont cherché dans le maniement du ciseau un moyen de réveiller les sens engourdis des vieillards. Leur espérance n'a pas été déçue : les applaudissements ne leur ont pas manqué ; la foule a déclaré excellentes les œuvres dont l'unique mérite était d'exciter le désir. La sculpture, une fois engagée dans cette voie, devait perdre sa grandeur, et l'événement n'a que trop bien justifié les craintes conçues par les amis de l'art antique. Le marbre, qui, au temps de Périclès, était chaste et pudique, est devenu lascif, libidineux. Comment la sculpture, acceptant un pareil rôle, aurait-elle pu demeurer fidèle aux lois de l'élégance et de l'harmonie ? Dès qu'elle se met au service, je ne dis pas des passions, mais des appétits, au lieu de supprimer les parties mesquines de la réalité, elle doit les conserver avec un soin scrupuleux pour atteindre plus sûrement le but qu'elle se propose. Tant qu'elle s'en tenait à l'expression des sentiments élevés, des passions généreuses, elle conciliait sans effort la nudité avec la chasteté. Depuis qu'elle s'attache à réveiller les sens engourdis, elle s'interdit la nudité comme un attrait insuffisant. La forme sans voile ne parle pas assez vivement à l'imagination du spectateur. Jupiter et Junon sur le mont Ida sont des images trop chastes pour émouvoir les esprits blasés. Une draperie disposée avec adresse excite la curiosité. M'accusera-t-on d'exagérer la vérité ? Mais je pourrais citer plus d'un sculpteur qui ne fait pas mystère des intentions que je signale, qui les avoue hautement, et s'applaudit de la résolution qu'il a prise.

Dans les meilleurs ouvrages de la sculpture païenne, la draperie n'excite pas la curiosité, mais explique la forme. Les figures qui ont obtenu de nos jours un succès populaire sont conçues tout autrement : il s'agit d'exciter le spectateur à deviner ce qu'il n'aperçoit pas. Or il est évident que la statuaire doit se proposer un but plus élevé. C'est Homère qui doit lui servir de guide, et non le chevalier Bertin ; je dis Homère, sans vouloir obliger le ciseau à ne jamais traiter que des sujets héroïques. Achille, Ajax et Patrocle ne sont pas les seuls personnages qui doivent exprimer la force et le courage dans le domaine de la sculpture, Hélène et Briséis ne sont pas les seuls types de la beauté ; mais dans les chants homériques la passion n'a jamais rien de lascif, et le ciseau trouverait difficilement des sujets plus heureux que les traditions héroïques de la Grèce. Cependant il peut aborder sans danger les sujets tirés de l'histoire moderne. L'expression du visage, que les Grecs n'ont pas négligée comme on le dit, mais qui ne pouvait offrir une grande variété lorsqu'il s'agissait de représenter les dieux et les héros, prendra nécessairement une plus grande importance dès que la sculpture demandera ses inspirations à l'histoire moderne. Les personnages purement humains, condamnés à la souffrance, capables de joie, d'espoir et de remords, offrent au ciseau d'abondantes ressources. Quant à la beauté calme et sereine, quant aux lignes harmonieuses, c'est surtout dans les sujets païens qu'il faut les chercher. Il y a dans les sujets compris entre le Ve et le XIXe siècle de l'ère chrétienne un danger très évident sur lequel on ne saurait trop insister : l'oubli de la forme humaine. Je veux dire que la forme disparaît sous le vêtement, sous l'armure, et se laisse deviner trop difficilement.

Lors même d'ailleurs que la sculpture abandonnerait l'antiquité païenne pour s'en tenir aux personnages de l'histoire moderne, et je ne voudrais pas lui donner un tel conseil, elle ne serait pas dispensée d'inventer. Aujourd'hui, dans les arts du dessin, l'invention est dédaignée comme un mérite secondaire, et pourtant tous les peintres, tous les sculpteurs dont le nom se transmet de génération en génération sans rien perdre de sa grandeur, étaient d'un autre avis : ils mettaient l'imagination au-dessus de la mémoire, et ils avaient raison. Nous avons cette année quatre cents ouvrages de sculpture, et les morceaux importants ne sont pas nombreux. En choisissant parmi ces morceaux ceux qui se recommandent par l'élégance de la forme, il nous sera facile de démontrer la légitimité de nos craintes. Les talents ne font pas défaut ; ce qu'on rencontre bien rarement, c'est l'originalité, et la doctrine qui domine aujourd'hui nous explique pourquoi il règne parmi la plupart de ces ouvrages une si affligeante monotonie. Si la doctrine que je prends pour l'expression de la vérité remplaçait les doctrines que je combats, les hommes de génie n'abonderaient pas, je le sais bien ; mais, chacun s'attachant à exprimer une pensée personnelle, à défaut d'originalité puissante, nous aurions du moins la variété. La volonté intervenant, toutes les figures, je parle des meilleures, ne sembleraient pas exécutées sous la direction du maître. Les méprises seraient peut-être plus nombreuses qu'aujourd'hui, mais elles seraient traitées avec indulgence, car ces méprises mêmes prouveraient une ambition sincère et généreuse. La plupart des sculpteurs n'ont pas d'autre souci que l'exactitude, et ce n'est pas merveille s'ils arrivent à toucher le but qu'ils se proposent. J'aimerais mieux cent fois les voir se tromper que de les voir cheminer prudemment dans une route prosaïque. Ils ne savent guère s'égarer, ils se défient des aventures. Le nouveau, l'imprévu les effraient, comme la solitude et les ténèbres effraient les enfants. Ils montrent ce qu'ils ont vu, et copient d'une main diligente le modèle qui a posé devant eux. Plût à Dieu qu'ils fussent assez téméraires pour tenter l'expression d'une pensée ! ils pourraient se fourvoyer, mais ils vivraient par eux-mêmes, et leurs ouvrages, admirés ou blâmés, nous laisseraient un souvenir.

La sculpture monumentale peut rendre à l'école française les mêmes services que la peinture monumentale, et nous aurons peut-être l'occasion d'examiner dans quelle mesure elle a réalisé nos espérances. Nous devons quant à présent nous en tenir aux données théoriques. Or il est évident que la sculpture monumentale, en obligeant ceux qui manient le ciseau à s'élever au-dessus de la réalité, leur impose des études nouvelles. Qu'il s'agisse d'un fronton ou d'une caryatide, celui qui veut modeler une figure sent la nécessité de ne pas s'en tenir à ce qu'il a vu. Je ne parle pas, bien entendu, des proportions, qui sont réglées par la distance ; je parle du caractère, qui ne peut demeurer prosaïque sans blesser tous les regards. Celui qui veut inscrire son nom au front d'un monument comprend que l'imitation est insuffisante pour agir sur la foule. Lors même que les études de sa jeunesse ne l'auraient pas préparé à l'invention, il est tourmenté du besoin d'inventer. L'importance du monument qu'il est appelé à décorer excite en lui d'abord une défiance bien naturelle, puis bientôt une hardiesse inattendue. La grandeur de la tâche qui lui est imposée devient une source de courage. Il comprend qu'en demeurant dans les données prosaïques, il ne peut manquer d'échouer. En pareille occasion, le plus poltron se fait brave. C'est là le beau côté, le côté salutaire, le côté excellent de la sculpture monumentale. Malheureusement les architectes, qui jouent un rôle si important dans la distribution des travaux de sculpture, trouvent souvent moyen de rendre stérile ce qui devrait être fécond. Tantôt ils inventent sur le papier ce que le ciseau ne peut réaliser, tantôt ils désignent pour l'accomplissement de leur pensée des mains inhabiles. Ces deux fautes, qui suffiraient pour gâter les fruits de la sculpture monumentale, ne sont pas les seules que nous devions signaler. Avons-nous parmi nous des Phidias et des Ictinus qui n'attendent qu'une occasion propice pour se révéler ? J'abandonne aux habiles le soin de résoudre cette question. Je ne veux ni flatter, ni calomnier mon temps, et je n'ai pas entre les mains de quoi répondre pertinemment.

Ce qui me paraît démontré, c'est que Phidias et Ictinus, s'ils revenaient parmi nous, auraient grand'peine à nous donner un nouveau Parthénon, car aujourd'hui ceux qui remplissent le rôle d'Ictinus ne tiennent guère à consulter ceux qui remplissent le rôle de Phidias. Et pour avoir un nouveau Parthénon, nous aurions besoin de voir la parité rétablie entre l'architecture et la sculpture. Je sais que l'architecture se proclame en toute occasion reine des arts du dessin, que la sculpture et la peinture ne seraient, à l'entendre, que ses très humbles servantes. C'est une affirmation déjà bien vieille, et qui, malgré sa vieillesse, n'a pas encore acquis l'autorité de l'évidence. Ictinus ne faisait rien sans consulter Phidias, comme Phidias ne décidait rien sans consulter Ictinus. Nous devons à cet accord constant le temple de Minerve, qui étonne encore aujourd'hui ceux qui connaissent le développement de l'imagination humaine depuis l'école d'Égine jusqu'aux écoles de la renaissance. Or ce qui se passe maintenant ne ressemble guère aux coutumes de la Grèce. L'architecte est souverain, et les sculpteurs doivent s'incliner. L'architecte invente à son gré, sans consulter personne, et tout ce qu'il lui a plu de crayonner, d'ébaucher à la sépia, le ciseau doit le traduire fidèlement. Ce n'est pas un sculpteur qui lui obéit, c'est une légion de sculpteurs. Les faces d'un monument se partagent comme les miettes d'un gâteau. Chacun recueille avidement la miette tombée entre ses mains, et se réjouit de sa bonne fortune. Que devient l'unité du monument ? Elle devient ce qu'elle peut. Tantôt ceux qui ont passé leur vie à modeler des figurines pour orner les cheminées ou les guéridons sont chargés, je ne dis pas de concevoir, mais d'exécuter des caryatides ; tantôt ceux qui ont rêvé depuis leurs premières études l'accomplissement des projets les plus hardis se trouvent appelés à des travaux d'ornement qu'ils n'osent refuser, mais qui les déconcertent. Il ne leur est pas permis de changer ce qu'ils désapprouvent dans les esquisses de l'architecte. Leur premier devoir est l'obéissance. On ne leur dit pas de créer, mais d'accomplir ce qui est résolu. En agissant ainsi, on espère sans doute établir l'unité, c'est la première pensée qui se présente : une seule volonté, un seul commandement, docilité absolue de la part de tous ceux qui tiennent le ciseau. La pierre sera taillée pour l'expression d'une seule pensée. C'est un rêve magnifique ; mais la réalité vient le démentir cruellement. Parmi les architectes les plus habiles, il y en a bien peu qui soient en état de prévoir ce que deviendront leurs projets traduits en marbre ou en pierre. Ce qui plaît sur le papier n'est pas toujours sûr de plaire quand la forme tangible aura remplacé le trait. Les mécomptes se nombrent par centaines. L'architecte s'étonne, parfois même s'indigne et gourmande. Avec un peu plus de modestie et de bon sens, il comprendrait la nécessité de son désappointement. Il y a pour chacun des arts du dessin des lois spéciales qui ne se laissent pas deviner. Pour avoir combiné pendant vingt ans les trois ordres grecs, on n'est pas obligé de savoir quels sujets conviennent au ciseau, quels sujets conviennent au pinceau. Les figures indiquées dans un lavis produisent souvent un très mauvais effet quand elles sont peintes ou modelées. Pour obtenir l'unité qu'on souhaite, le plus sage parti serait de revenir aux coutumes de la Grèce, et d'attribuer à l'architecture, à la sculpture, la même importance, la même autorité.

Mais ici une objection se présente, objection qu'on ne peut éluder. Pour attribuer à l'architecture, à la sculpture, la même importance, la même autorité, il faudrait choisir un seul architecte, un seul sculpteur. Sans doute : quel serait le danger d'une telle résolution ? La Grèce s'en est bien trouvée, pourquoi la France s'en trouverait-elle mal ? Les pensionnaires de l'école de Rome, à qui l'état donne cinq ans de libres études, se croient appelés par un droit évident à l'exécution de tous les travaux commandés par l'état. C'est là une prétention qui ne résiste pas à l'examen. Les travaux appartiennent aux plus habiles. Tant pis pour les pensionnaires de Rome, s'ils ne sont pas en mesure d'établir leur droit ! Est-ce la gloire qu'ils rêvent ? Qu'ils la gagnent à la sueur de leur front. Est-ce du travail qu'ils demandent ? Ils n'en manqueront pas, s'ils consentent à traduire la pensée d'un homme supérieur. Ils s'imaginent que l'état, en les envoyant à Rome, en les affranchissant pendant cinq ans de tous les soucis de la vie matérielle, s'engage à ne jamais laisser leur ciseau inactif. Si l'on ne se décide pas à les détromper, on n'arrivera jamais à l'unité dans la sculpture monumentale. Que le statuaire soit l'égal de l'architecte, qu'ils délibèrent ensemble sur la composition, sur la décoration du monument, et quand ils auront arrêté leurs projets en commun, qu'ils choisissent librement ceux qui doivent accomplir leur volonté : à cette condition nous aurons des œuvres qui plairont à la foule et contenteront les connaisseurs. Le sculpteur qui aura conçu la décoration ne pourra se passer d'auxiliaires, et comprendra que son devoir est de nommer ceux qu'il appelle. La question se réduit à des termes très simples et très précis. Les monuments se font-ils pour occuper les sculpteurs, ou bien les sculpteurs sont-ils destinés à concourir, chacun selon ses forces, à la décoration des monuments ? J'abandonne au lecteur le choix de la solution. Ce qui demeure évident pour moi, c'est que la sculpture monumentale n'exercera jamais une action puissante sur le goût public et sur le développement de l'invention tant qu'elle ne sera pas régie par les coutumes de la Grèce. Il y aura des vanités blessées, des plaintes dictées par la jalousie. Est-ce une raison pour ne pas écouter les conseils de l'histoire et du bon sens ? Ceux qui disposent des travaux, qui les distribuent, ne doivent pas hésiter à passer outre. Les hommes doués de facultés supérieures, appelés à composer la décoration entière d'un monument, feront des efforts d'autant plus généreux qu'ils comprendront tous les périls de leur tâche. Quant à ceux qui sont doués de facultés moyennes, ils auront tout à gagner en traduisant la pensée qu'ils n'auront pas conçue. Nous aurons des monuments harmonieux, dont toutes les parties se relieront, et le goût de l'invention se propagera. La moisson promise vaut bien la dépense des semailles. La sculpture, envahie par l'imitation prosaïque, reprendrait alors le rang et le caractère qui lui appartiennent.

Pour juger avec équité la sculpture de nos jours, pour la juger sans amertume, il faut se rappeler ce qu'était la sculpture de l'empire, ce qu'a été la sculpture de la restauration. Si l'on négligeait ces deux souvenirs, on arriverait à parler trop sévèrement. Sous l'empire, chacun le sait, on croyait imiter l'antiquité, on croyait suivre les meilleures traditions de l'art grec, et quand on étudie aujourd'hui les œuvres de ce temps, on s'étonne à bon droit de la méprise. Les grands modèles étaient à peu près ignorés. Le type de la beauté, c'était la sculpture romaine. Or, dans le domaine de l'art, Rome vaut tout au plus la moitié d'Athènes. Lord Elgin n'avait pas encore rapporté en Angleterre les fragments du Parthénon, qui ont contribué si puissamment à réformer le goût public en Europe. Pour savoir ce que valait la Grèce, il fallait faire le voyage, et le voyage à cette époque était long et dispendieux. Aujourd'hui, pour s'informer du mérite du Parthénon, il suffit de traverser la Manche, et Londres est à dix heures de Paris. Les plus beaux modèles que l'antiquité nous ait laissés sont à la disposition des plus indolents. Nous possédons à Paris même des moulages très fidèles des fragments conservés au Musée britannique. Les sculpteurs de l'empire n'étaient pas placés dans cette heureuse condition. Ils avaient entendu parler de la Grèce et ne la connaissaient guère. Quelques débris parvenus jusqu'en France n'avaient pas suffi pour marquer bien nettement l'intervalle qui sépare la beauté naïve de la beauté convenue. C'était Rome qui dominait sous le nom de la Grèce. Aussi la sculpture de l'empire manque de souplesse et de vérité. Ce qu'on admirait alors nous semble froid, inanimé. Toutes les figures avaient un aspect théâtral qui les rattachait tout au plus à l'école de Rhodes. Encore serait-il impossible de trouver dans la sculpture de l'empire un morceau de la même valeur que le groupe de Laocoon. Il n'y a donc pas lieu de s'étonner que les sculpteurs de nos jours aient voulu réagir contre le style académique de l'empire, et que leur protestation ait abouti à l'imitation pure du modèle vivant. C'est le sort commun de toutes les réactions de dépasser le but qu'elles se proposent.

Quant à la sculpture de la restauration, elle avait d'autres origines que la sculpture de l'empire et ne s'éloignait pas moins de la vérité : elle croyait de très bonne foi que le moyen âge possédait le secret de la naïveté ; elle étudiait le portail des cathédrales et dédaignait l'harmonie linéaire, dans l'espérance d'atteindre à l'énergie de l'expression. Qui sait combien de talents se sont fourvoyés en cherchant la sculpture naïve ? Le moyen âge est aujourd'hui réduit à sa juste valeur. Tous ceux qui aiment les arts du dessin d'un amour éclairé comprennent qu'il ne peut nous enseigner ni la sculpture ni l'architecture. Il n'est pas inutile de le consulter ; mais si l'on veut profiter de ses tentatives, il faut les contrôler par des œuvres d'un goût plus pur.

Le moyen âge est à peu près passé de mode. Si quelques rares partisans défendent encore sa cause, le portail des cathédrales n'est plus accepté comme une école de sculpture : on sent le besoin d'interroger de meilleurs modèles ; on veut arriver à la naïveté en consultant directement la nature. L'intention est excellente ; reste à savoir si elle portera les fruits qu'on espère. Or je crois pouvoir sans témérité affirmer que la sculpture de nos jours, réduite à l'étude exclusive du modèle vivant, ne dépassera ni la sculpture de l'empire, ni la sculpture de la restauration. Plus réelle dans le sens littéral du mot, elle ne sera pas plus vraie dans le sens poétique. Les moins érudits savent maintenant que la Grèce domine l'Italie antique et moderne. Les fragments du Parthénon peuvent être librement consultés par ceux mêmes qui ne veulent pas sortir de Paris ; mais on se défie de ces précieux fragments, et j'étonnerais bien des lecteurs en rapportant fidèlement les paroles que j'ai recueillies dans plus d'un atelier. Les Panathénées sont proscrites comme un danger. Si l'on veut demeurer dans la vérité, il faut avoir soin de ne pas les regarder, C'est une pensée puérile, une pensée ridicule, et pourtant cette pensée se produit et trouve des approbateurs. La popularité de cette méprise est un symptôme fâcheux que nous ne devons pas négliger, car il peut servir à caractériser ce que j'appellerai l'état hygiénique de l'intelligence. Les Panathénées redoutées comme un danger ne sont pas un signe équivoque. Pour qu'une erreur si étrange soit proclamée hautement comme l'expression de la vérité, il faut que la notion de la beauté soit obscurcie dans le plus grand nombre des esprits. Si cette notion avait gardé sa splendeur, les paroles que je viens de rappeler, qui se disaient hier, qui se diront demain, seraient traitées comme un blasphème. Malheureusement personne ne s'indigne, et c'est à peine si quelques-uns s'étonnent. La passion des statuaires et de la foule pour la réalité est si profonde, que toutes les objections demeurent impuissantes, si elles invoquent les lois du goût. « Ce que vous blâmez, je l'ai vu ; ce qui vous paraît singulier, je peux vous le montrer : » c'est avec de telles réponses que les sculpteurs défient tous les reproches. Et le moyen de leur en vouloir ? Ils ont entendu parler de la Grèce ; seulement, pour en médire tout à leur aise, ils ont eu soin de ne pas l'étudier. Ce qui manquait aux sculpteurs de l'empire, ils le possèdent, ils l'ont devant les yeux ; mais pour conserver ce qu'ils appellent fièrement l'indépendance, l'originalité de leur génie, ils ne veulent pas regarder les œuvres du passé. Les plus beaux modèles sont pour eux comme s'ils n'étaient pas, car il n'y a qu'un seul modèle à consulter, le modèle vivant. Le marbre n'a rien à leur enseigner. N'en savent-ils pas autant que leurs devanciers ? Aussi habiles, aussi laborieux, ils les dominent par le bon sens, par la clairvoyance, par la sagesse de leurs doctrines.

Ainsi, quelque route que nous prenions, nous arrivons toujours à la même conclusion. La maladie de notre temps, en ce qui touche les arts du dessin, est de confondre le réel avec le beau ; le choix est traité comme une condition secondaire ; chacun est libre de choisir, mais le choix n'est pas une nécessité. Je fais la part de la réaction : je comprends que les œuvres de l'empire aient excité la colère contre les traditions académiques, je comprends que les œuvres du règne suivant aient démontré le côté puéril du moyen âge ; cependant, cette part faite à la réaction, je suis obligé d'affirmer que les idées accréditées aujourd'hui ne sont pas plus vraies que les idées accréditées sous l'empire et sous la restauration. Au lieu de la raideur théâtrale, au lieu de la naïveté ignorante, enfantine, nous avons la réalité prosaïque. Est-ce un progrès ? Il est au moins permis d'en douter. Si l'empire et la restauration se trompaient, il y avait dans leur méprise même un témoignage de respect pour la condition suprême de l'art, pour l'idéal. Rome estimée à l'égal d'Athènes, la statue de *Germanicus* admirée comme le *Thésée* de Phidias, étaient sans doute pour le goût de graves offenses ; Notre-Dame de Paris et Notre-Dame de Reims, transformées en écoles de sculpture, n'étaient certes pas des hérésies sans danger : toutefois, en prenant pour guides l'art romain et l'art du moyen âge, l'empire et la restauration n'oubliaient pas que la mission de la sculpture est de s'élever au-dessus de l'imitation. Ces deux écoles, qui sont aujourd'hui dédaignées à bon droit, n'avaient pas complètement oublié la vérité, puisqu'elles faisaient une part à l'imagination. Aujourd'hui la seule faculté qu'on invoque s'appelle mémoire. Les sculpteurs de notre temps, je parle du plus grand nombre, sont arrivés, à leur insu, à la négation de l'art. Cependant leur condition ne serait pas mauvaise, s'ils consentaient à ne voir dans ce qu'ils savent qu'un point de départ pour parvenir à l'expression de ce qu'ils sentiront, de ce qu'ils penseront. La mémoire mise à la place de l'imagination fait de la sculpture un métier : l'étude du modèle vivant, quoique très insuffisante au point de vue esthétique, est une manière excellente de se préparer à l'intelligence d'Athènes. L'école antique, si admirable par la grandeur, par la simplicité, accordait une grande importance à l'imitation ; seulement elle en faisait le point de départ, et non le but de la sculpture. Que les artistes de nos jours se règlent sur la conduite des artistes athéniens, qu'ils s'habituent à copier ce qu'ils voient, mais qu'ils gardent pour eux-mêmes comme de simples documents ce qu'ils auront copié, et quand, par la méditation, par la lecture des poètes, ils seront parvenus à concevoir une œuvre puissante et personnelle, l'imitation leur sera un utile auxiliaire.

La notion de la sculpture vraie, l'intelligence des lois qui la régissent, sont aujourd'hui tellement obscurcies, que les sculpteurs ne craignent pas d'engager la lutte avec les peintres, comme si la peinture et la sculpture disposaient des mêmes ressources. Dans un bas-relief, on ne tient plus compte du nombre des plans que le regard peut embrasser ; on veut faire ce que ferait un peintre en pareille occasion, et l'on néglige de se demander si le marbre et le bronze, qui expriment la forme tangible, ne sont pas soumis à d'autres conditions que la toile, qui exprime la forme visible. C'est un parti pris qui blesse le bon sens, mais qui réunit malheureusement de nombreux approbateurs. La sculpture ainsi conçue s'appelle modestement sculpture pittoresque. Or cette dénomination, réduite à sa juste valeur, signifie sculpture en dehors de la sculpture. Au début de notre siècle, on se plaignait à bon droit des habitudes imposées à la peinture française par l'école de David. On réprouvait, et l'on avait raison, l'imitation des statues sur la toile. Ces plaintes étaient légitimes, et cependant on ne songe pas à trouver mauvais que l'ébauchoir engage la lutte avec le pinceau. La question vaut la peine qu'on s'y arrête, car chacun est compétent ou incompétent selon la manière dont il la résout. Ceux qui croient que la sculpture peut tenter ce que tente la peinture, et qui l'avouent sans détour, proclament à leur insu leur complète incapacité dans tous les problèmes qui se rattachent à la sculpture. Ceux qui maintiennent le divorce établi entre les deux arts depuis les premiers développements de l'imagination humaine sont les seuls dont l'autorité puisse être acceptée.

On m'accuserait de présomption, si je donnais pour excellente l'opinion que je professe sans appeler à mon secours aucun autre argument que mon affirmation personnelle. Pour me dérober à ce reproche, je me contenterai de mettre sous les yeux du lecteur quelques pages du passé. La Grèce, l'Italie et la France, douées de facultés très inégales en ce qui touche la sculpture, mais qui ont exprimé par le marbre et par le bronze un grand nombre de pensées énergiques ou gracieuses, indiquent à la question nouvelle le chemin qu'elle doit suivre. La Grèce, l'Italie et la France ont eu leurs jours d'erreur ; il faut profiter de l'enseignement qu'elles nous donnent. L'école de Rhodes s'est trompée en cherchant l'aspect théâtral. L'Italie s'est trompée en modelant les portes du Baptistère de Florence. Puget s'est trompé en composant le bas-relief d'*Alexandre et Diogène*, que nous avons à Paris, et le bas-relief de *la Peste*, qui se voit à Marseille, dans les bureaux de la Santé. Est-ce à dire que nous devions dédaigner le groupe de Laocoon, les inventions de Ghiberti, les bas-reliefs de Puget ? Non, sans doute ; mais l'artiste florentin malgré son prodigieux génie, méconnaissait les lois de la sculpture. S'il a réussi, s'il nous étonne encore, ce n'est pas parce qu'il a méconnu ces lois, c'est parce qu'à force de finesse il a dissimulé son erreur. Quant à Puget, ce n'est pas aux bas-reliefs d'*Alexandre* et de *la Peste* qu'il doit la meilleure partie de sa gloire. Dans ses caryatides, dans son *Milon*, il est demeuré fidèle aux lois de son art, et c'est par ces ouvrages qu'il a conquis sa renommée. L'argument le plus dangereux que l'on puisse invoquer en faveur de l'alliance que je combats se trouve dans les portes du Baptistère de Florence. Ghiberti se servait de l'ébauchoir comme du pinceau ; ses compositions, entre les mains d'un peintre habile, se transformeraient en tableaux : je ne pense pas à le contester ; mais tout en m'inclinant devant l'évidence, je persiste à dire qu'il a franchi les limites de la sculpture. Il a demandé au bronze ce que le bronze ne peut donner. Ses ouvrages ont obtenu et gardent encore aujourd'hui l'admiration unanime de l'Europe. Est-ce une raison pour croire qu'il agissait sagement ? Quand les plus beaux monuments de la Grèce contredisent la méthode qu'il a suivie, est-il permis d'hésiter ? Oui, je le reconnais, les portes de Ghiberti appartiennent à la sculpture pittoresque ; oui, le nombre des plans dépasse la limite posée par l'école attique, et cependant je n'abandonne pas mon opinion, car j'ai pour moi des autorités qui mettent ma conscience en repos. Malgré mon admiration profonde pour les portes de Ghiberti, je pense que son exemple est dangereux, et qu'on ne saurait trop insister sur ce point. Pour réussir en suivant la voie qu'il a tracée, il faut absolument être muni de génie, et de telles provisions ne sont pas à la disposition du premier venu. On est donc mal venu à citer l'exemple de Ghiberti pour justifier la sculpture pittoresque. Le génie est une exception, l'histoire nous le démontre, et l'erreur dissimulée par le génie ne perd pas sa nature première. Les lois du bas-relief sont déterminées par les Panathénées, Ghiberti ne prévaudra pas contre Phidias. Quant aux bas-reliefs de Puget, je n'ai pas à m'en occuper. Ils ne possèdent pas une célébrité européenne, et je suis dispensé d'insister sur les défauts qui les déparent. Ghiberti est le parrain de la sculpture pittoresque, et c'est à lui que nous devons demander compte de l'erreur qui domine aujourd'hui. Or, pour tout homme de bonne foi, la supériorité des Panathénées sur les portes du Baptistère ne saurait être une question douteuse. Les cavaliers et les canéphores de la frise du Parthénon sont conçus avec une telle simplicité que tous les détails se révèlent au regard. Pour embrasser tous les détails des portes de Ghiberti, il faut une attention plus qu'ordinaire. Il est vrai qu'après les avoir étudiées, on ne regrette pas les heures dépensées ; mais quand on a comparé les plus belles œuvres de l'art antique aux œuvres les plus ingénieuses de l'art moderne, on est obligé de reconnaître que Ghiberti est inférieur à Phidias.

L'erreur que je combats est tellement accréditée, qu'elle pourrait facilement décourager les convictions qui ne seraient pas soutenues par la connaissance de l'histoire. Quant à ceux qui ont vécu dans le commerce du passé, ils n'auront pas de peine à tenir bon ; ils savent la raison de leur croyance et ne chancellent pas devant la première objection. La confusion de la sculpture et de la peinture est une des maladies esthétiques de notre temps ; pour parler sainement, et j'ajouterai utilement, de chacun de ces deux arts, il faut commencer par le reconnaître. Si l'on prend cette vérité pour point de départ, l'estimation des œuvres contemporaines est singulièrement simplifiée. Ces deux formes de l'invention sont soumises à des conditions spéciales. Quand on le sait, on n'éprouve aucun embarras en face d'une statue conçue comme un tableau. On ne s'évertue pas à deviner pourquoi une figure dont plusieurs parties révèlent un talent exercé ne laisse pourtant qu'une impression confuse. Ce qui convient au pinceau ne convient pas au ciseau. Toutes les fois que cette distinction est méconnue par la peinture ou la sculpture, nous avons devant nous un tableau, une statue qui nous étonnent par leur sécheresse, par leur complexité. Le tableau manque de vie, parce qu'il veut lutter avec le marbre ; la statue manque de simplicité, parce qu'elle veut lutter avec la couleur. Je regrette que nous ne possédions pas en France un moulage fidèle de la *Sainte Thérèse* du Bernin, car cette figure, qui est peut-être le meilleur ouvrage de l'auteur, prouverait plus clairement encore que les portes de Ghiberti les dangers de la sculpture pittoresque. Je n'ai pas besoin d'ajouter que je ne saurais établir aucune comparaison entre Ghiberti et le Bernin. La *Sainte Thérèse*, placée à Rome dans l'église de Sainte-Marie de la Victoire, est exécutée avec une rare habileté. Le masque, la poitrine et la draperie sont traités dans un style que je n'approuve pas, mais dont j'admire la souplesse. Or cette statue, qui blesse le goût, appartient à la sculpture pittoresque. Il n'est pas douteux pour moi que l'auteur n'ait voulu trouver dans le marbre ce que les pinceaux les plus exercés trouvaient dans la couleur. Il suffit de voir la *Sainte Thérèse* de Sainte-Marie de la Victoire pour comprendre les périls de cette doctrine.

Parmi les ouvrages envoyés cette année, un de ceux qui méritent la plus sérieuse attention pour le choix du sujet, pour la délicatesse de l'exécution, est signé du nom de M. Millet. Ce nom est pour nous un nom nouveau ; ce n'est là qu'un détail sans importance, mais il y a dans l'*Ariane* de quoi prouver que l'auteur a depuis longtemps puisé aux sources les plus pures, et s'il n'a pas encore conquis la célébrité, j'espère que la célébrité ne lui manquera pas. J'ai vu de lui aux Champs-Elysées, près de la barrière de l'Étoile, des caryatides très dignes d'éloges, que le public ne connaît pas et qui mériteraient d'être connues. En regardant ces figures, douées d'une véritable énergie, j'ai compris pourquoi le nom de M. Millet était ignoré. La foule est malheureusement habituée à regarder comme un travail sans importance la façade d'une maison. Ces caryatides seraient demeurées ignorées sans l'*Ariane*, qui appelle sur le nom de l'auteur une légitime attention. On veut savoir ce qu'il a fait avant de commencer son *Ariane*, car son dernier ouvrage ne peut être considéré comme un début. Il y a dans sa manière d'interpréter la forme quelque chose qui révèle une intelligence active, un œil exercé. Les épaules, le dos et les hanches sont des morceaux traités avec un soin particulier, et que les habiles ne désavoueraient pas. Je trouve dans ces morceaux une élégance supérieure à la réalité, je m'empresse de le reconnaître. Quant aux jambes et aux bras, quoiqu'ils ne soient pas dépourvus de mérite, ils ne valent pas, à mes yeux du moins, les épaules, le dos et les hanches. Malheureusement M. Millet n'a pas donné assez d'importance à l'expression de la tête. Il a voulu concentrer tout l'intérêt sur la beauté du corps, et je crois qu'il s'est trompé. Ce qui fait l'excellence du sujet qu'il avait choisi, c'est qu'Ariane, par sa nudité, se prête à tous les efforts du ciseau, et qu'en même temps, par son caractère, par son malheur, par les légendes qui se rattachent à son nom, elle sollicite l'emploi des facultés expressives. M. Millet me paraît avoir traité la physionomie d'Ariane comme une question secondaire, c'est-à-dire, en d'autres termes, qu'il n'a compris qu'une partie du sujet. Il va au musée du Capitole une tête d'Ariane, connue à Paris par le moulage, et qui aurait dû l'éclairer. Cette tête, dont je ne prétends pas désigner l'auteur, mais qui appartient certainement à l'une des meilleures époques de l'art, est empreinte d'une mélancolie profonde, et en même temps d'une beauté harmonieuse. Dans l'*Ariane* de M. Millet, que trouvons-nous ? De la jeunesse, et rien de plus. Les lèvres sont épaisses et d'une forme indécise. Quant au regard, il n'est pas facile de savoir ce qu'il vaut, puisque les yeux sont à demi cachés par la main. À vrai dire, l'*Ariane* de M. Millet exprime plutôt la somnolence que la douleur. Je suis donc autorisé à dire que l'auteur s'en est tenu à la moitié de sa tâche. Cependant, par cet ouvrage, dont j'approuve la partie plastique, dont je blâme la partie expressive, il a conquis dès à présent une place très honorable parmi les sculpteurs de notre temps. L'union des deux mérites que je demande n'est pas assez commune pour que la possession d'un seul soit à dédaigner. M. Millet sait modeler la forme humaine, c'est un point important. Plus tard, bientôt, je l'espère, il trouvera moyen d'exprimer les sentiments qui modifient le masque humain de manières si diverses.

La Vierge-Mère, de M. de Mesmay, révèle une fâcheuse tendance, le dédain du modèle vivant. Il est évident, et lors même que les amis de l'auteur ne se plairaient pas à le répéter, un regard exercé le devinerait sans peine, il est évident que M. de Mesmay s'est affranchi de l'étude de la réalité pour garder plus de liberté dans ses allures. Je pense, et je n'hésite pas à le dire, qu'il s'est complètement trompé. Ce n'est pas que *la Vierge-Mère* soit dépourvue de tout mérite : il y a dans le vêtement de la Vierge une souplesse dont nous devons tenir compte ; seulement il est important de noter que cette draperie abondante, disposée avec une habileté ingénieuse ; n'explique pas la forme du modèle. Or c'est là une faute capitale, et je n'ai pas besoin de dire pourquoi. Tous les grands maîtres qui ont manié le ciseau ont reconnu l'importance de cette condition, et j'ai peine à comprendre que M. de Mesmay se soit attribué le droit de la négliger. Il y a, je le sais, parmi les ouvrages de la renaissance quelques figures qui sembleraient donner raison à l'auteur de *la Vierge-Mère*, mais ces figures ne sont pas comptées parmi les meilleures de cette époque féconde. Jean Goujon et Germain Pilon, toutes les fois qu'ils n'ont pas abordé le nu directement, ont cru à la nécessité d'expliquer le nu par la draperie. M. de Mesmay s'est affranchi de l'étude de la réalité pour ne pas demeurer prosaïque :

l'intention était excellente, mais le moyen choisi pour toucher le but n'était pas le meilleur. L'invention n'exclut pas la connaissance de ce qui est. On peut trouver l'originalité, le caractère poétique, sans ignorer la forme réelle, et cette dernière notion est même le point de départ le plus sûr. En procédant autrement, on s'expose à de graves dangers. Le groupe de M. de Mesmay suffit à le démontrer. Comme le regard ne peut suivre sous le vêtement la forme de la cuisse droite, la jambe du même côté qui se retire en arrière se comprend difficilement. Supposez que la draperie exprime la forme, tout devient clair, et la flexion du genou droit ne ressemble plus à une cassure. Je rends pleine justice au dessein qui anime l'auteur de cette figure, et c'est parce que son talent m'intéresse que je me crois obligé de lui signaler tous les périls de la voie où il s'engage. Travailler sans modèle est une mauvaise méthode : les plus habiles ne l'ont pas tenté ; M. de Mesmay fera bien de se régler sur leur exemple.

M. Jacquemart paraît avoir compris, et je l'en félicite bien sincèrement, tous les dangers de l'imitation littérale. Il a cherché cette année quelque chose de plus élevé. S'il n'a pas encore complètement réussi, du moins il se rapproche du but. Son *Tigre à l'affût*, son *Lion déterrant un cadavre dont il aperçoit les pieds*, n'étaient que des copies adroites, mais prosaïques. Le *Lion* de cette année, un *Lion au repos*, ne manque ni de grandeur, ni d'invention. L'auteur a senti qu'il ne suffisait pas de fréquenter la ménagerie pour lutter avec les œuvres de Barye, qu'il fallait encore ajouter comme lui le travail de la pensée au témoignage du regard. Je suis heureux de reconnaître qu'il a mis à profit les conseils que ses amis ne lui épargnaient pas. Le *Lion* de cette année est un grand pas de fait vers la vérité. La tête, la crinière, les épaules, les membres antérieurs, sont modelés avec puissance. Il y a dans ces morceaux une simplicité qui touche au caractère monumental. L'échine et les cuisses sont rendues avec habileté, mais ne méritent pas les mêmes éloges que la moitié antérieure de la figure, parce qu'elles sont trop fidèlement copiées. Cependant le progrès est évident, et c'est pour nous un bonheur de le signaler. M. Jacquemart s'est d'abord obstiné dans la voie qu'il avait choisie ; il a soutenu, l'ébauchoir à la main, que le bon sens était de son côté, qu'en dehors de l'imitation littérale il n'y avait que médiocrité.

Aujourd'hui il vient à résipiscence, il reconnaît qu'il s'est trompé : il le reconnaît et prouve la franchise de sa conversion par une œuvre d'un caractère tout nouveau. C'est un *meâ culpâ* très suffisant, et nous aurions mauvaise grâce à ne pas nous en contenter. Que M. Jacquemart le sache bien, ce qui donne à son *Lion* de cette année une grandeur, un aspect harmonieux que n'avaient pas ses deux premiers ouvrages, c'est précisément l'omission des détails qu'il avait jusqu'ici considérés comme importants. En simplifiant ce qu'il voyait, il a donné à son style plus de sévérité. Il a rompu dès à présent, rompu d'une manière éclatante avec les théories qu'il soutenait. S'il venait nous dire que toute beauté est contenue dans la réalité, nous aurions le droit de sourire, car son *Lion* de cette année donne un démenti à cette affirmation. Il y a dans cette figure plusieurs parties vraiment belles, et je les ai nommées en disant pourquoi elles sont belles. Il y a des parties d'un mérite moins élevé, et je n'ai pas négligé d'expliquer ma pensée à cet égard. En même temps que j'exprimais l'impression que j'avais reçue, je désignais l'origine de cette impression. M. Jacquemart ne compte plus aujourd'hui parmi les disciples de l'école réaliste. Il aurait beau vouloir retourner en arrière : il ne pourrait accomplir son dessein ; il s'est trop compromis avec la vérité pour soutenir la cause de l'erreur.

M. Guitton a trouvé dans le poème de Musée un sujet gracieux, qui malheureusement ne se prête pas à la sculpture : *Léandre essayant de découvrir le signal promis par sa maîtresse.* Les amours d'Héro et Léandre, comme celles de Daphnis et Chloé, nous charment par leur naïveté. Est-ce une raison pour que chacune de ces quatre figures prise à part nous inspire un bien vif intérêt ? Ce que je peux louer librement dans la statue de M. Guitton, c'est l'étude attentive du modèle vivant. On sent en la regardant que l'auteur aime son art et le cultive avec un zèle ardent. Le torse et les membres sont traités avec une élégance que je me plais à reconnaître. Quant à la tête de Léandre, je suis forcé d'en parler comme je parlais tout à l'heure de la tête d'Ariane. M. Guitton a imaginé, pour exprimer l'attention, quelque chose de pareil à ce que M. Millet avait imaginé pour exprimer la douleur. Ariane couvre ses yeux, sans doute pour cacher ses larmes. Léandre met la main au-dessus de ses yeux, sans doute pour mieux apercevoir la lampe allumée sur la tête de sa maîtresse. Je suis fâché de ne pouvoir accepter l'invention de M. Guitton, car il y a dans la figure beaucoup de grâce et de vérité ; mais la main placée au-dessus des yeux, mouvement très naturel quand il s'agit d'éviter ou d'amortir la lumière du soleil, ne signifie rien, ou plutôt devient un contre-sens, quand l'amant, qui guette le signal de sa maîtresse, ne cherche à éviter que la splendeur des étoiles. C'est là, si je ne m'abuse, une objection très grave, et je m'étonne que M. Guitton ne l'ait pas prévue. Et pourtant ce n'est pas la seule que j'aie à présenter. Les récits de Longus et de Musée, qui ont enchanté notre jeunesse, ne sont pas assez connus de la foule pour qu'un personnage isolé soit compris sans explication. Un groupe d'Héro et Léandre, groupe amoureux et passionné, serait sans obscurité pour ceux mêmes qui n'ont jamais lu le poème de Musée ; Héro seule ou Léandre seul se comprennent difficilement. L'amant qui guette le signal, la jeune fille tenant sur sa tête la lampe allumée dont la lueur fidèle doit amener dans ses bras l'amant séparé d'elle par la largeur de l'Hellespont, ne sont que des fragments de composition. La figure modelée par M. Guitton n'est pour le grand nombre des spectateurs qu'un berger qui cherche à se garantir de l'ardeur du soleil. Ainsi le mouvement n'est pas vrai, et lors même qu'il serait vrai, il ne suffirait pas à expliquer le sujet. Toutefois je me reprocherais comme une injustice de ne pas appeler l'attention sur l'œuvre du jeune statuaire, car, malgré les défauts que je relève, il y a dans son *Léandre* plusieurs parties très dignes d'éloge. La poitrine est modelée avec finesse, et parmi les œuvres de pure imitation, cette figure occupera un rang très honorable.

J'ai reconnu avec plaisir dans *le Chasseur indien surpris par un boa*, de M. Ottin, l'étude et le souvenir des groupes composés par Barye pour le duc d'Orléans. Je ne veux établir aucune comparaison entre le pensionnaire de Rome et l'artiste habile à qui nous devons tant d'œuvres savantes et originales. M. Ottin, tout en profitant des modèles qu'il avait devant les yeux, a d'ailleurs gardé son indépendance. Son groupe est bien conçu, si l'on ne considère que le côté réel du sujet. Ce qui manque à cette composition, c'est la grandeur poétique, la vérité du style. M. Ottin a le goût de l'énergie et trouve souvent moyen de l'exprimer, mais il n'attache pas assez d'importance à corriger dans ce qu'il voit les détails mesquins. Il exécute adroitement les morceaux qui lui plaisent ; quant à ceux qui n'ont pas à ses yeux la même valeur, au lieu de les agrandir par le style, il se contente de les transcrire avec moins de soin. Les études qu'il a faites à Rome ne paraissent pas avoir élargi le champ de sa pensée. Il est revenu en France plus habile dans le maniement du ciseau sans avoir renoncé à l'imitation du modèle. Les enseignements ne lui ont pas manqué. Le Vatican et le Capitole lui ont offert des œuvres nombreuses qui n'existeraient pas sans l'intervention de la pensée. Les groupes de Barye, par leur caractère poétique, se rattachent aux traditions de l'antiquité. Cependant *le Chasseur indien surpris par un boa*, qui rappelle par l'énergie du mouvement ces compositions aujourd'hui dispersées, n'émeut pas comme les chasses au tigre destinées à distraire l'ennui des convives du prince. Le talent de M. Ottin est un talent prosaïque. L'auteur du groupe qui nous occupe, sans le vouloir, sans le savoir peut-être, contredit chaque jour les enseignements qu'il a reçus. Rome et Florence lui ont montré le travail de la main dirigé par la pensée. Le musée des Studj lui a offert un spectacle pareil. Parvenu à la maturité, M. Ottin continue pourtant de procéder comme il procédait avant son départ pour l'Italie. Si les preuves me manquaient pour affirmer l'insuffisance des leçons techniques dans les années de la jeunesse, l'auteur du *Chasseur indien* serait pour moi un utile argument. L'homme parvenu à l'âge de trente ans avec la ferme croyance que la sculpture se réduit à l'imitation contemple inutilement les plus belles œuvres du ciseau grec : il ne voit dans ces prodiges que des prodiges d'habileté technique ; il subit toute sa vie les conséquences de sa première éducation.

M. Chabaud a fait une statue qu'il appelle *la Chasse*, et qui n'est, à vrai dire, qu'une réminiscence assez maladroite de la Diane du Capitole. Il est bon sans doute de garder un souvenir fidèle des belles œuvres qu'on a pu contempler, mais il faudrait mettre ce souvenir à profit d'une autre manière. M. Chabaud, pensionnaire de Rome, s'est servi de la Diane du Capitole aussi librement, je ne dirai pas aussi heureusement, que si personne ne connaissait cette gracieuse figure. Cette imitation, qui pourrait être appelée d'un nom plus sévère, ne mérite pas une discussion sérieuse. Ce qui donne à la statue du Capitole un caractère d'originalité, c'est qu'elle n'a rien de viril, tandis que la Diane chasseresse, dont les copies sont répandues dans toute l'Europe, est plutôt virile que féminine. Les muscles de la jambe, dans cette dernière figure, sont modelés avec une précision qui ne se montre guère chez la femme. Les malléoles sont dégagées, et donneraient plutôt l'idée d'un adolescent que d'une jeune fille. La Diane du Capitole est autrement conçue ; elle est jeune, elle est femme, elle est vierge. M. Chabaud ne paraît pas avoir compris le mérite de cette figure. Ce qui est simplement gracieux dans le modèle antique devient entre ses mains lourd et singulier. Jeunesse, grâce, virginité, tout s'est effacé ; nous n'avons plus devant nous qu'une jeune fille qui serait fort empêchée si elle voulait se livrer aux plaisirs de la chasse. À coup sûr, elle n'est pas taillée pour forcer une biche à la course. Je ne sais pas quel avenir attend M. Chabaud, je ne voudrais pas prononcer sur le pensionnaire de Rome des paroles trop sévères ; mais en vérité on a peine à se défendre d'un mouvement de dépit en voyant de quelle manière les lauréats tirent parti de leur séjour en Italie. Au lieu d'étudier ce qu'ils voient pour apprendre à concevoir eux-mêmes des œuvres nouvelles, ils rhabillent des œuvres antiques, et nous les donnent pour des œuvres qui leur appartiennent. On dirait que Rome est aussi loin de Paris que la Chine ou le Japon ; on le dirait, à voir leur assurance, et pourtant les musées du Capitole et du Vatican ne sont guère moins connus que le musée du Louvre. Si M. Chabaud veut prendre dans la sculpture une place de quelque valeur, je lui conseille de ne pas copier les modèles antiques, surtout de ne pas les travestir. Si la copie est littérale, c'est comme s'il n'avait rien fait ; si elle est infidèle, c'est pis encore, c'est moins que rien. Il vaudrait mieux cent fois ne pas quitter la France que de revenir avec un pareil bagage.

M. Guillaume, dont *les Gracques* avaient obtenu un très légitime succès, malgré l'imperfection de la fonte, s'est détourné de ses études habituelles pour travailler à la décoration de Sainte-Clotilde. Je n'ai pas à parler ici de l'église commencée par M. Gau et achevée par M. Ballu. Est-il sage de faire aujourd'hui des églises gothiques ? C'est une question que nous examinerons un autre jour. Les quatre bas-reliefs composés par M. Guillaume, et dont les sujets sont empruntés à la vie de sainte Clotilde et à la vie de sainte Valère, se recommandent à la fois par l'élégance et par la gravité. Nourri de fortes études, formé d'abord à l'école de Pradier, et plus tard initié aux secrets de l'art antique par son séjour en Italie, M. Guillaume est un des rares lauréats qui n'ont pas perdu leur temps, et qui ont compris toute la valeur des loisirs que leur fait la munificence du pays. Il n'a pas confondu la liberté du travail avec l'oisiveté. Il recueille aujourd'hui les fruits de sa persévérance : sujets chrétiens, sujets païens, il peut tout aborder, et quelle que soit la donnée qu'il traite, il est sûr d'intéresser, parce qu'il n'entreprend jamais une œuvre nouvelle sans avoir mûrement réfléchi sur ce qu'il veut faire. Ce que j'aime dans ses bas-reliefs de Sainte-Clotilde, c'est qu'il a su concilier la ferveur de l'expression avec l'harmonie des lignes. Il n'a pas essayé de se faire ignorant pour paraître naïf, et ce mérite, qui semble vulgaire, n'est pas à mes yeux dépourvu d'importance. Pour traiter dans un style pur et sévère des sujets empruntés au moyen âge, il faut plus que du bon sens, il faut du courage. Les archaïstes ne séparent pas le moyen âge de la sculpture gothique. Tous les événements, toutes les légendes compris entre l'invasion des Barbares et la renaissance, leur semblent appartenir de plein droit à l'art dont le type est consacré dans nos cathédrales. M. Guillaume est d'un autre avis, et je l'en félicite. Il pense que le savoir doit trouver son application dans tous les sujets, à quelque date qu'ils appartiennent, et je crois que la raison est de son côté. Les épisodes qu'il vient d'emprunter à la vie de sainte Clotilde, à la vie de sainte Valère, traités dans le style gothique, n'offriraient qu'un médiocre intérêt. Traités dans un style pur, élégant, sévère, ils attirent et enchaînent l'attention. Les archaïstes diront que le style ne convient pas au sujet. Que M. Guillaume ne s'inquiète pas de leurs paroles : ses quatre bas-reliefs nous intéressent par la composition, nous charment par la précision de la forme. En imitant servilement les sculptures de Chartres ou de Reims, il aurait tout au plus réussi à contenter quelques admirateurs fanatiques du moyen âge.

M. Cavelier, absorbé par les travaux du nouveau Louvre, n'a envoyé que deux bustes de femmes. Il y a dans ces ouvrages une délicatesse de goût qui frappera tous les yeux. Si le talent de l'auteur n'était pas connu depuis longtemps, ils suffiraient pour marquer sa place parmi les meilleurs élèves de David. Le malheur de M. Cavelier est d'avoir trouvé des panégyristes qui ont exagéré son mérite. Le talent ne lui suffit plus. Pour ne pas leur donner un démenti, il se voit dans la nécessité d'avoir du génie : c'est une rude condition.

La *Pénélope*, qui a obtenu le grand prix de sculpture, décerné par le jury des récompenses, est certainement une œuvre très digne d'attention. Il y a dans la draperie de cette figure une souplesse merveilleuse. Le mouvement du torse et des membres s'accorde bien avec le sujet. Cependant il s'est fait trop de bruit autour de la *Pénélope*. La draperie qui excite tant d'admiration se retrouve tout entière dans une statue d'impératrice placée au musée du Capitole. Le sculpteur français peut revendiquer le mérite d'un praticien très habile : c'est bien quelque chose sans doute, mais il n'y a pas là de quoi exciter des transports d'admiration. M. Cavelier, qui est un homme studieux, et qui a trop de bon sens pour s'abuser sur la valeur de son œuvre, s'efforce de mériter la popularité qui lui est faite. Jusqu'à présent, je dois le dire, il n'a encore produit aucune figure qui justifie les promesses de ses panégyristes. *La Vérité*, qu'il a montrée à l'exposition de 1855, n'était qu'une femme jeune, d'une robuste santé, modelée avec adresse, mais complètement dépourvue de caractère idéal. Les admirateurs de la *Pénélope* se sont à peine occupés de *la Vérité*. Quelques-uns ont paru croire que le talent de M. Cavelier était réservé aux figures drapées, ce qui pourrait passer pour une épigramme. Les deux bustes que nous voyons cette année, sans pouvoir se comparer aux bustes virils de David, car David n'a jamais réussi à faire un buste de femme, révèlent cependant une intelligence profonde du masque humain. Quant à l'invention proprement dite, jusqu'ici M. Cavelier ne paraît pas s'en être inquiété bien vivement. Possède-t-il ce don mystérieux ? Je ne voudrais pas le nier, je ne voudrais pas l'affirmer. Le passé rangerait M. Cavelier parmi les sculpteurs prosaïques ; l'avenir donnera-t-il un démenti au passé ? Il serait téméraire de se prononcer. Quant à présent, l'auteur de la *Pénélope* est un homme habile, qui connaît toutes les ruses de son métier. Si plus tard il est capable d'inventer, il trouvera dans son ciseau un interprète docile de sa pensée.

M. Loison, qui avait appelé l'attention sur son nom par une figure d'*Héro*, un peu grêle, mais gracieuse, et plus tard par *une Jeune Fille à la fontaine*, garde cette année le rang qu'il avait pris. Sa *Jeune Convalescente* est traitée avec élégance, avec délicatesse, et prouve qu'il a dignement profité des leçons de son maître David. Seulement on peut se demander si un tel sujet convient à la sculpture. Il est au moins permis d'en douter. M. Loison ne néglige rien pour obtenir l'approbation des connaisseurs. Animé d'une généreuse émulation, il ne recule jamais devant le travail, et s'applique à rendre le modèle vivant dans toute sa vérité ; mais il ne choisit pas les sujets qu'il traite avec un discernement assez sévère. Ainsi sa *Jeune Convalescente*, malgré la délicatesse de l'exécution, est un thème qui conviendrait mieux à la peinture qu'à la sculpture, à mon avis du moins. Les données élégiaques sont plutôt faites pour le pinceau que pour le ciseau. Cette absence de discernement est d'autant plus regrettable que M. Loison possède dès à présent tout ce qu'il faut pour exécuter avec précision les figures les plus austères et les plus gracieuses. Ce qui lui manque, c'est l'intelligence des conditions que son art ne peut franchir. Il croit, comme tant d'autres, que tout ce qui est bon à peindre est bon à modeler. Comme il ne fait rien légèrement, il trouve moyen d'intéresser, lors même qu'il se trompe. Son talent est aujourd'hui apprécié ; dès qu'il sera guidé par un goût plus sûr, sa valeur sera doublée.

M. Leharivel, connu par des compositions naïves, mais qui ne paraît pas encore avoir trouvé sa voie, qui aborde tous les sujets avec un courage quelque peu aventureux, a composé habilement le buste de *sainte Geneviève*. Je dis composé, car je ne crois pas que nous possédions une image authentique de la patronne de Paris. Il avait le champ libre, et il en a profité pour inventer une tête jeune et d'une expression fervente. Je voudrais que l'auteur de ce buste ingénieux, qui me paraît aimer son métier, au lieu d'essayer ses forces dans des travaux de la nature la plus diverse, comprît la nécessité de se concentrer sur un genre déterminé. Il éparpille ce qu'il sait, et ne tire pas profit de son savoir. Le buste de sainte Geneviève prouve que M. Leharivel ne manque ni de goût ni d'habileté ; mais, s'il ne se hâte de se cantonner dans un ordre d'idées nettement défini qu'il puisse explorer tout à son aise, à moins que la fortune ne le prenne par la main, il sera tout étonné dans dix ans de tâtonner encore. Il faut absolument, s'il veut réussir, qu'il renonce à suivre tour à tour les directions les plus diverses.

L'examen des œuvres de sculpture offre cette année moins d'intérêt que l'examen des œuvres de peinture. Il était facile de le prévoir, puisque les travaux du nouveau Louvre ont occupé un grand nombre de sculpteurs. Même en faisant la part de ces travaux, nous sommes obligé de reconnaître que le maniement du ciseau est aujourd'hui plus capricieux encore que le maniement du pinceau. Je dis plus capricieux, je devrais dire moins sensé. Les idées générales que j'ai pris soin d'exposer avant d'aborder les œuvres nouvelles me dispensent de revenir sur les causes de cette condition secondaire. L'habileté technique ne fait pas défaut : nous possédons aujourd'hui des praticiens d'une adresse consommée ; mais la sculpture est plus loin de la réalité que la peinture, et comme depuis quelques années elle s'est malheureusement engagée dans la voie de l'imitation sans tenir compte des lois qui la dominent, elle s'éloigne de plus en plus du but qui lui est assigné. Obligée, par sa nature même, de faire à l'idéal une part plus large que la peinture, tantôt elle engage avec elle une lutte imprudente et se condamne à la défaite, tantôt elle essaie de copier le modèle vivant dans ses moindres détails, et se voit déçue dans son espérance. La sculpture est aujourd'hui sortie du chemin où elle devrait marcher ; tous ceux qui s'intéressent à ses travaux sont obligés de le reconnaître. Comment réussira-t-elle à franchir l'intervalle qui la sépare de la vérité ? Il n'y a pas deux manières de résoudre cette question. Si la sculpture continue à suivre les caprices de la foule, à se faire sensuelle pour aiguiser les appétits émoussés des hommes blasés avant leur maturité, elle est compromise pour longtemps. Je dis compromise et non perdue, car l'humanité porte en elle-même le germe de la vérité, et le beau, qui, selon l'expression du philosophe grec, n'est que la splendeur du vrai, est immortel comme l'idée qu'il révèle dans tout son éclat. Suivre le goût public est une preuve d'abaissement. Ceux qui inventent, qu'ils tiennent la plume, le pinceau ou le ciseau, doivent avoir l'ambition d'imposer leur pensée à la foule. S'ils renversent les rôles et obéissent au lieu de commander, ils renoncent à leur dignité et perdent le droit de se plaindre quand le public les trouve indociles. L'intelligence, manifestée par la parole, par la forme, par la couleur, n'appartient pas à tous. Poètes, peintres et sculpteurs ont un rang à garder. Or la sculpture a méconnu cette nécessité : elle est devenue la très humble servante du public ; elle n'invente pas librement pour conquérir la célébrité, avant de prendre l'ébauchoir, elle flaire le vent. Si elle veut revenir à la vérité, il faut qu'elle commence par dédaigner le goût public. Les vieillards et les jeunes gens blasés se plaindront ; qu'importe ? Ils diront à la sculpture : Vous ne faites plus rien pour nous. Ce n'est pas là un danger qui doive effrayer. Je crois même que déplaire à cette classe de clients sera chose très utile. L'invention vit de liberté. Consulter le goût public à toute heure, ne rien entreprendre sans avoir pris l'avis des acheteurs, est à mes yeux le plus sûr moyen de ne rien faire de bon. L'homme qui sent en lui-même la force de produire ne doit consulter que son goût personnel. Que plus tard, quand son œuvre est ébauchée, il interroge quelques amis assez éclairés pour savoir s'il s'est trompé, assez francs pour le dire, qu'il profite de leurs conseils et corrige ce qui d'abord l'avait séduit, c'est un parti sage ; mais qu'il invente librement : la gloire est à ce prix. Or ce qui se passe sous nos yeux ne s'accorde guère avec les conseils du bon sens, avec la nature même de l'invention. Ceux qui tiennent le ciseau, richement ou pauvrement doués, n'entreprennent rien sans songer d'abord au placement de leur œuvre future. Comme négociants, ils ont raison ; comme sculpteurs, ils ont tort. Si l'œuvre est commandée, ils sont dispensés d'un tel souci, et acceptent sans discussion la donnée qui leur est proposée. Parfois cette donnée ne s'accorde guère avec les conditions de la sculpture ; ils ne s'en inquiètent pas, et remplissent leur tâche comme ferait un tisserand. Ils semblent avoir perdu le goût de l'indépendance. Quelques-uns protestent, mais leur voix est à peine entendue. La sculpture est un art dispendieux. L'achat d'un bloc de marbre n'est pas toujours facile. Est-ce une raison pour confier au marbre payé par un juge incompétent l'expression d'une pensée qui n'est pas vraie ? Ni la terre ni le plâtre ne charment les yeux : une œuvre incomplète séduit parfois l'ignorance, quand le marbre traduit la pensée de l'auteur, je ne songe pas à le nier, et cependant la sculpture, fourvoyée par le goût public, égarée par sa docilité, ne reprendra l'importance qui lui appartient qu'à la condition d'inventer librement, sans se préoccuper du goût des spectateurs. La liberté n'enfante pas le génie, mais il n'y a pas de génie sans liberté. Si les sculpteurs l'ont oublié, ils ont bien mauvaise mémoire. Les grands hommes de leur métier n'ont écouté, n'ont exprimé que leur pensée. Depuis les époques glorieuses que je rappelle, le maniement du ciseau est soumis aux mêmes lois. Interroger le caprice des acheteurs et renoncer à l'indépendance intellectuelle, c'est confondre l'art avec l'industrie.

ISBN : 978-1983958557

www.ingramcontent.com/pod-product-compliance
Lightning Source LLC
Chambersburg PA
CBHW072016230526
45468CB00021B/1602